Felix Neumann

Sozialstiftungen

Sozialstiftungen in Nähe und Distanz zum deutschen Sozialstaat

Hartung-Gorre Verlag Konstanz

2010

MenschenArbeit. Freiburger Studien   BAND 27
Herausgegeben von Michael N. Ebertz, Werner Nickolai und
Helmut Schwalb

Bibliografische Information Der Deutschen Bibliothek
Die Deutsche Nationalbibliothek verzeichnet diese Publikation in der Deutschen
Nationalbibliografie; detaillierte bibliografische Daten sind im Internet
über http://dnb.d-nb.de abrufbar.

Die Grafik auf dem Umschlag ist von
Andres Rodriguez © 2010 www.fotolia.de

Alle Textrechte beim Autor
Erste Auflage 2010
HARTUNG-GORRE VERLAG KONSTANZ
ISSN   1431 - 3553
ISBN-10: 3-86628-311-3
ISBN-13: 978-3-86628-311-4

INHALTSVERZEICHNIS

DANKSAGUNG **5**

1) EINLEITUNG **7**

2) ERLÄUTERUNG DES METHODISCHEN VORGEHENS **10**

3) SOZIALSTIFTUNGEN **14**

   3.1) „Sozialstiftungen": Begriffsklärung und Bedeutung 14

   3.2) Was ist eine Stiftung? 16

   3.3) Formen einer Stiftung 18
      3.3.1) Differenzierung anhand verschiedener Dimensionen 18
      3.3.2) Operative Stiftungen und Förderstiftungen 18
      3.3.3) Rechtliche Erscheinungsformen von Stiftungen 20
      3.3.4) Selbstständige Stiftungen und unselbstständige Stiftungen ... 23

   3.4) Geschichtliche Entwicklung 24

   3.5) Rechtliche Grundlagen 29
      3.5.1) Die rechtlichen Grundlagen in Deutschland im Überblick 29
      3.5.2) Landesrechtliche Regelungen in Baden-Württemberg 31

   3.6) Sozialstiftungen in Deutschland 32

4) DER DEUTSCHE SOZIALSTAAT **38**

   4.1) „Sozialstaat": Begriffsklärung und Bedeutung 38

   4.2) Sozialstaatsregime 39

4.3) Geschichte und Entwicklung des deutschen Sozialstaates .. 42
4.3.1) Die Geschichte des deutschen Sozialstaates 42
4.3.2) Grundzüge der Entwicklung 46

4.4) Das soziale Sicherungssystem Deutschlands 48

4.5) Herausforderungen des Sozialstaates 49

5) SOZIALSTIFTUNGEN IN NÄHE UND DISTANZ ZUM DEUTSCHEN SOZIALSTAAT: EINE ANALYSE VON DREI STIFTUNGEN ... 53

5.1) Auswahl der drei Stiftungen 53

5.2) Vorstellung der ausgewählten Stiftungen 54

5.3) Dimensionen zur Analyse der Nähe oder Distanz der Stiftungen zum Sozialstaat 58

5.4) Dimensionale Analyse der Stiftungen 64
    5.4.1) STIFTUNG LIEBENAU 65
    5.4.2) BÜRGERSTIFTUNG WIESLOCH 81
    5.4.3) GRAF VON PÜCKLER UND LIMPURG'SCHE WOHLTÄTIGKEITSSTIFTUNG 90

5.5) Auswertung und Vergleich der Ergebnisse 99

5.6) FAZIT: (Drei) Sozialstiftungen in Nähe und Distanz zum deutschen Sozialstaat 105

6) SUMMARY ... 109

7) LITERATURVERZEICHNIS ... 112

DANKSAGUNG

Ein Dankeschön an dieser Stelle geht an alle, die mich bei der Bearbeitung dieses komplexen Themas unterstützt haben. Ganz besonders erwähnen möchte ich die **Stiftungsverwaltung Freiburg** in Person von Lothar Böhler und Susanne Taraschewski. Durch die Bereitstellung wertvoller Verzeichnisse haben sie die Bearbeitung des Themas erleichtert und durch Ihre finanzielle Unterstützung die Publikation dieser Arbeit erheblich gefördert.

Sehr hilfreich waren auch Katrin Kowak und Sebastian Bühner vom **Bundesverband Deutscher Stiftungen**. Durch ihre aktuellen und sehr wertvollen Stiftungsverzeichnisse konnte ich meine empirische Untersuchung auf fundierte Daten fußen lassen.

Mein Dank gilt auch Ulrich Kuhn von der **Stiftung Liebenau**, der mich mit seinem umfassenden Wissen zu dieser Thematik stets weitergebracht hat. Darüber hinaus konnte er mir gewinnbringende Kontakte vermitteln.

Nicht zuletzt ein Dankeschön an Prof. Dr. Dr. Michael N. Ebertz und Prof. Dr. Martin Becker der **Katholischen Fachhochschule Freiburg**. Durch ihre Anregungen und ihre Kritik hat diese Arbeit an Qualität gewonnen.

1) EINLEITUNG

Stiftungen haben in Deutschland eine jahrtausendlange Tradition, dennoch hat das Zeitalter der Stiftungen gerade erst begonnen.[1]

Klaus Wigand u.a. (2007)

Die Rechtsform Stiftung ist eine sehr alte und zugleich unbestritten zeitgemäße Institution unserer Gesellschaft, ihre Ursprünge gehen bis ins 10. Jahrhundert zurück. Bei einem Blick auf aktuelle Zahlen und Fakten zum Deutschen Stiftungswesen wird deutlich, warum heutzutage von einem „Stiftungsboom" gesprochen wird. Im Jahr 2007 wurden erstmals in der deutschen Stiftungsgeschichte mehr als 1.000 Stiftungen innerhalb eines Jahres errichtet. Während 1990 nach Angaben des Bundesverbandes Deutscher Stiftungen noch etwa 5.500 Stiftungen gezählt wurden, waren Ende des Jahres 2007 bundesweit 15.449 Stiftungen[2] amtlich registriert. Aktuell rechnet man mit einer Zahl von über 16.000 Stiftungen.[3]

Auch in meiner Heimatstadt Freiburg macht sich dieser Trend bemerkbar. So wurde beispielsweise im Oktober 2008 der erste Freiburger Stiftungstag durchgeführt, eine Veranstaltung zur Förderung und Stärkung des ausgeprägten lokalen und regionalen Stiftungswesens. Nach Erhebungen des Bundesverbandes Deutscher Stiftungen kommen in Freiburg auf 100.000 Einwohner exakt 36,8 Stiftungen[4], damit belegt die Stadt im nationalen Städteranking einen beachtlichen 16. Platz.

Da unter dem Begriff „Stiftung" auf Grund einer fehlenden gesetzlichen Definition verschiedene Erscheinungsformen verstanden werden

---

[1] Siehe: Wigand / Haase-Theobald u.a. (2007), S. 33
[2] *Die genannte Zahl an Stiftungen bezieht sich auf Stiftungen des bürgerlichen Rechts.*
[3] Vgl.: Bundesverband Deutscher Stiftungen (2009), S. 9
[4] Vgl.: Bundesverband Deutscher Stiftungen (2008-A), S. 75

können, wird die notwendige Differenzierung hierzu in Kapitel 3.3 vollzogen. Hauptsächlicher Gegenstand dieser Arbeit sind Stiftungen des bürgerlichen Rechts, genannte statistische Zahlen beziehen sich somit, wenn nicht ausdrücklich auf etwas anderes hingewiesen wird, auf diese Stiftungsform.

Da diese Arbeit im Rahmen des Studiengangs „Soziale Arbeit" verfasst wird, liegt der Fokus auf gemeinnützigen Stiftungen, die sich speziell im Themenbereich „Soziales" bewegen. Als Begrifflichkeit für Stiftungen, die in diesem Bereich fördernd und/oder operativ tätig sind, wird der Terminus „Sozialstiftung" verwendet, dieser bildet auch den Titel der Arbeit.

Das Ziel der Auseinandersetzung mit diesem Thema ist eine grundsätzliche Analyse und Betrachtung des Wesens, der spezifischen Merkmale und der Bedeutung von Sozialstiftungen in der Bundesrepublik Deutschland. Darauf aufbauend werden Sozialstiftungen anhand folgender Fragestellung empirisch untersucht: *Welche Nähe oder Distanz weisen Sozialstiftungen zum deutschen Sozialstaat auf?* Es wird als grundlegende These angenommen, dass sich diese „Positionen" der Stiftungen bzw. sich dieses „Verhältnis" der Stiftungen zum deutschen Sozialstaat feststellen lässt und sich verschiedene „Positionen", je nach Stiftung individuell ausgeprägt, zwischen den beiden Polen „Nähe zum deutschen Sozialstaat" und „Distanz zum deutschen Sozialstaat" einordnen lassen. Um dies zu veranschaulichen, werden verschiedene stiftungsbezogene Dimensionen aufgestellt, an denen die Fragestellung ansetzt.

Die Arbeit gliedert sich somit in drei aufeinander aufbauende Hauptkapitel, einem Kapitel über Sozialstiftungen, einem zweiten über den deutschen Sozialstaat und in einem dritten werden, wie angedeutet, Sozialstiftungen auf ihre Nähe oder Distanz zum Sozialstaat hin untersucht.

Unter dem „deutschen Sozialstaat" versteht sich im Rahmen dieser Arbeit das sozialstaatliche System der Bundesrepublik Deutschland, also der institutionelle Rahmen des Systems der sozialen Sicherung, so wie er sich zum Zeitpunkt der Arbeit darstellt.

Untersucht werden drei Sozialstiftungen aus Baden-Württemberg, von ihnen werden zwei nach einem Zufallsmodus ausgewählt. Einzige nicht zufällig sondern schon im Vorfeld ausgewählte Sozialstiftung ist die Stiftung Liebenau. Begründet ist diese Auswahl durch meinen persönlichen Bezug zu dieser Stiftung. Ich habe im Jahr 2007 fünf Monate in der Funktion eines Praktikanten im Ressort Sozialpolitik der Stiftung Liebenau gearbeitet. Dieser persönliche Bezug ermöglicht einen anderen Blickwinkel bei der Auseinandersetzung mit der Fragestellung. Die Analyse kann durch das Hintergrundwissen zielgerichteter durchgeführt werden und dadurch prägnantere Ergebnisse hervorbringen.

Die Aktualität der Fragestellung dieser Arbeit bestätigte sich im Zuge der Recherchen immer deutlicher. Ein beispielhaftes Indiz hierfür ist eine Broschüre des Bundesverbandes Deutscher Stiftungen zum Thema „Staat und Stiftungen in Kooperation"[5]. In dieser sind die Ergebnisse einer diesen Titel tragenden Arbeitstagung dokumentiert. Die mit hochrangigen Vertretern aus Politik, Verwaltung und Stiftungen besetzte Tagung fand bereits im Mai 2008 statt.

Mein besonderes persönliches Engagement für das gewählte Thema leitet sich aus dem erwähnten Bezug zu und meinem großen Interesse an Sozialstiftungen ab. Zudem bildet das Thema eine interessante Schnittmenge aus meinen beiden Studiengängen *Soziale Arbeit* und *Politik- und Verwaltungswissenschaften* und war für mich somit nahe liegend.

---

[5] Vgl.: Deutsche Kinder- und Jugendstiftung (2009)

2) ERLÄUTERUNG DES METHODISCHEN VOR-GEHENS

Anhand der oben genannten zentralen Fragestellung *„Welche Nähe und Distanz weisen Sozialstiftungen zum deutschen Sozialstaat auf?"*, wird eine Stichprobe von drei Sozialstiftungen aus dem Bundesland Baden-Württemberg untersucht. Einzige schon im Vorfeld ausgewählte Stiftung ist die Stiftung Liebenau, begründet wurde diese Vorauswahl im Rahmen der Einleitung. Es werden zur Analyse zwei weitere Stiftungen ausgewählt, die, wie die Stiftung Liebenau, die Rechtsform einer Stiftung des bürgerlichen Rechts aufweisen.

Die Beschränkung auf das Bundesland Baden-Württemberg begründet sich durch die Intention, die Grundgesamtheit an Stiftungen einzuschränken, um durch die Analyse repräsentativere Schlüsse ziehen zu können. Darüber hinaus spricht auch die Tatsache, dass jedes Bundesland sein eigenes Landesstiftungsgesetz hat, für eine Beschränkung auf nur ein Bundesland. Die Stiftungen können somit aussagekräftiger verglichen werden.

Als Grundlage für die Stichprobenauswahl dient ein Verzeichnis aller dem Bundesverband Deutscher Stiftungen bekannten Stiftungen aus Baden-Württemberg, die soziale Zwecke verfolgen. Dieses wurde mir nach langen und intensiven Recherchen vom Bundesverband zugänglich gemacht. Es handelt sich um ein Verzeichnis auf aktuellstem Stand, das in dieser Version nach meinem Kenntnisstand zum jetzigen Zeitpunkt nicht allgemein öffentlich zugänglich ist. Die Recherche nach einem geeigneten Verzeichnis hat sich als sehr zeitaufwendig dargestellt, da die CD-Rom-Version des aktuellen Bundesverzeichnisses in keiner Freiburger Bibliothek erhältlich ist und nur sie die Filterung nach Kategorien (z.B. Bundesland und

Rechtsform) zulässt. Jedoch hat sich auch die CD-Rom-Version, die mir nach längerer Suche freundlicherweise von der Stiftungsverwaltung Freiburg zugänglich gemacht wurde, als nicht optimal erwiesen, da eine Filterung nach der Kategorie „Soziales" nicht so eindeutig möglich war, wie es für meine Arbeit notwendig gewesen wäre.

Die Kategorie der sozialen Zwecksetzung in dem mir schließlich vom Bundesverband zugänglich gemachten Verzeichnis, setzt sich dabei aus folgenden Bereichen zusammen: Kinder- und Jugendhilfe, Altenhilfe, Wohlfahrtswesen, Mildtätige Zwecke, Verfolgten-, Flüchtlings-, Vertriebenen- und Aussiedlerhilfe, Kriegsopferhilfe, Zivilbeschädigten- und Behindertenhilfe sowie Straftatenopferhilfe. Diese Bereiche orientieren sich an den Vorgaben der Abgabenordnung (AO)[6]. Das Verzeichnis ist nicht nach Rechtsformen gefiltert, somit finden sich neben Stiftungen des bürgerlichen Rechts auch Stiftungen des öffentlichen Rechts und andere Formen wie beispielsweise Stiftungs GmbHs.

Insgesamt zählt dieses Verzeichnis 890 Stiftungen, von diesen wünschen 133 keine Veröffentlichung ihrer Daten, somit bleibt eine Liste von 757 Stiftungen. Diese sind nach, vom Bundesverband intern vergebenen, Organisationsnummern sortiert.

Die Analyse der Stiftungen erfolgt anhand ihrer jeweiligen Internetauftritte, es handelt sich dabei um eine qualitative empirische Untersuchung. Für die Außendarstellung großer und kleiner Organisationen ist das Internet heutzutage eine wichtige Präsentationsbühne, eine Stiftungshomepage ist somit eine aussagekräftige Quelle und geeignete Grundlage einer solchen Analyse. Dort finden sich einschlägige Informationen über die Stiftung selbst, ihr Engagement und die Grundlagen ihrer Arbeit. Auf Grund der Tatsache, dass jede Stiftung

---

[6] Vgl.: Abgabenordnung, §§ 51 ff. AO

ihre Homepage individuell gestaltet, ist es jedoch wahrscheinlich, dass nicht von allen ausgewählten Stiftungen die gleichen Informationen erhoben werden können. Somit ist ein anschließender Vergleich der Stiftungen nur unter der Einschränkung möglich, dass von jeder Stiftung unterschiedliches Datenmaterial zur Verfügung steht. Ein entscheidender Grund für das Heranziehen der Internetauftritte als Grundlage der Analyse war die Überlegung, dass dadurch ein möglichst neutraler Eindruck von der Stiftung gewonnen werden kann. Dieser ist bei dem Führen von Interviews oder dem Auswerten von Fragebögen immer stark durch die persönliche Meinung des Befragten gefärbt.

Die Zufallsauswahl der Stiftungen wird nach einem Modus durchgeführt, der sich im Verfahren an einer „systematischen Zufallsauswahl"[7] nach Helmut Kromrey orientiert. Die einzige Abänderung besteht darin, dass statt einem zufällig ausgewählten „Startpunkt" in der Kartei, sprich dem Verzeichnis der Stiftungen, die Stiftung Liebenau als Startpunkt festgelegt wird. Die Stiftung Liebenau befindet sich im Verzeichnis auf Position Nummer 14. Von diesem Startpunkt aus werden in 250er Schritten zwei weitere Stiftungen ausgewählt. Die Maßeinheit 250 wurde errechnet, indem die zur Verfügung stehende Anzahl an Stiftungen, also 757 (auf „Fünfziger" gerundet 750), durch die Anzahl der zu untersuchenden Stiftungen, also drei, geteilt wurde. Es werden nur Stiftungen ausgewählt, die die folgenden drei Kriterien erfüllen:

   1) <u>Rechtsform:</u> Rechtsfähige Stiftung des bürgerlichen Rechts
   2) <u>Sozialstiftung:</u> Die Stiftung muss sich als Sozialstiftung kategorisieren lassen. Dies ist gegeben, wenn die Stiftung sich entweder ausschließlich sozialen Zwecken widmet oder aber zumindest ein Großteil ihrer Arbeit diesem Bereich zuzuordnen

---

[7] Siehe: Kromrey (2008), S. 221

ist. Eine Mischform, in der nur ein kleiner Anteil des Engagements „sozial" ist, gilt nach dem dieser Arbeit zu Grunde liegenden Verständnis nicht als Sozialstiftung.
3) <u>Internetauftritt:</u> Ein Internetauftritt muss vorhanden sein, darüber hinaus muss er informativ in einem Maße sein, das erlaubt, die Stiftung nach der genannten Fragestellung hinreichend zu analysieren.

Auf Grund des beschriebenen Vorgehens ist es möglich, bei der systematischen Zufallsauswahl auf eine Stiftung zu treffen, die nicht die genannten drei Kriterien erfüllt. Ist dies der Fall, gehe ich erneut 250 Schritte im Verzeichnis weiter, so lange bis zwei Stiftungen ausgewählt wurden, die alle Kriterien erfüllen.

Mir ist bewusst, dass eine Auswahl nach den genannten Kriterien eine gewisse Selektion bewirkt. Dies ist für die Aussagekraft der Arbeit zu berücksichtigen, da eine alternative Vorgehensweise möglicherweise andere Ergebnisse hervorbringen könnte.

3) SOZIALSTIFTUNGEN

3.1) „Sozialstiftungen": Begriffsklärung und Bedeutung

Unter dem hier verwendeten Begriff „Sozialstiftung" wird eine Organisation verstanden, die die Rechtsform einer Stiftung[8] innehat und sich nach ihrem Aufgabengebiet, also ihrer operativen Tätigkeit oder ihren Förderaktivitäten, eindeutig dem sozialen Sektor zuordnen lässt. Mit sozialem Sektor ist der Bereich des Staates beziehungsweise der Gesellschaft gemeint, in dem, gemäß der weiter unten geführten Definition Sozialer Arbeit, Menschen, meist mit sozialer Benachteiligung, durch Hilfeleistungen, Förderung oder Unterstützung das Voranschreiten in ihrer persönlichen Entwicklung oder das Bewältigen einer schwierigen Lebenslage ermöglicht werden soll. Es handelt sich somit um den Bereich, der für einen Absolvent des Studiengangs Soziale Arbeit, wie ich es bin, durch sein Studium thematisch umfasst wird. Die dieser Arbeit zu Grunde liegende Definition Sozialer Arbeit basiert auf der von der International Federation of Social Workers (I.F.S.W.) verfassten und seit dem Jahr 2000 gültigen Definition, die wie folgt lautet:

„Soziale Arbeit als Beruf fördert den sozialen Wandel und die Lösung von Problemen in zwischenmenschlichen Beziehungen, und sie befähigt die Menschen, in freier Entscheidung ihr Leben besser zu gestalten. Gestützt auf wissenschaftliche Erkenntnisse über menschliches Verhalten und soziale Systeme greift soziale Arbeit dort ein, wo Menschen mit ihrer Umwelt in Interaktion treten. Grundlagen der Sozialen Arbeit sind die Prinzipien der Menschenrechte und der

---

[8] *Auf die Rechtsform einer Stiftung und ihre Merkmale wird in Kapitel 3.2 detaillierter eingegangen.*

sozialen Gerechtigkeit."[9]

Zur weiteren Präzision der Definition von Sozialstiftungen lege ich die Abgabenordnung[10] zu Grunde. Dort sind alle Tätigkeitsbereiche aufgelistet, die im rechtlichen Sinne als gemeinnützig oder mildtätig angesehen werden. Folgende Bereiche daraus sind für Sozialstiftungen und damit auch für die Definition dieser Stiftungsform maßgebend: Kinder- und Jugendhilfe, Altenhilfe, Wohlfahrtswesen, mildtätige Zwecke, Verfolgten-, Flüchtlings-, Vertriebenen- und Aussiedlerhilfe, Kriegsopferhilfe, Zivilbeschädigten- und Behindertenhilfe sowie Straftatenopferhilfe.[11] Alle Stiftungen, die sich entweder ausschließlich oder zu einem überwiegenden Teil in einem oder mehreren dieser Bereiche engagieren, fallen unter die hier verwendete Definition einer Sozialstiftung. Diese Abgrenzung ist von Bedeutung, da eine Mischform, also das gleichzeitige Engagement einer Stiftung in unterschiedlichen Bereichen, ein häufiges Phänomen ist.

Die Bezeichnung „Sozialstiftung" für die oben dargelegte Organisationsform wird vom Bundesverband Deutscher Stiftungen[12] nach meinem Kenntnisstand in eben der Art und Weise gepflegt, wie ich sie für diese Arbeit gewählt habe.

Im Fokus meiner Arbeit stehen insbesondere Sozialstiftungen, die die Rechtsform einer Stiftung bürgerlichen Rechts innehaben, die von mir in Kapitel 5 untersuchten Stiftungen sind ausschließlich rechtsfähige Stiftungen des bürgerlichen Rechts.

---

[9] Siehe: http://www.ifsw.org/en/p38000409.html
[10] Vgl.: Abgabenordnung
[11] Vgl.: Abgabenordnung, §§ 52 f. AO
[12] *Der Bundesverband Deutscher Stiftungen präsentiert sich im Internet unter* http://www.stiftungen.org

3.2) Was ist eine Stiftung?

Der Begriff Stiftung ist rechtlich nicht eindeutig definiert, er kann somit als Oberbegriff verstanden werden „für eine komplexe Vielfalt von körperschaftlich und verbandlich orientierten, rechtlichen Gestaltungen, die im privaten, öffentlichen und kirchlichen Recht verankert sein können"[13].

Ich orientiere mich in dieser Arbeit an folgender von Wigand, Haase-Theobald, Heuel und Stolte geführten Definition: „Eine Stiftung ist eine juristische Person, die im Gegensatz zu anderen juristischen Personen keine Gesellschafter oder Mitglieder hat. Sie ist auf Dauer angelegt und stellt eine Zusammenfassung von Vermögen dar, das einem bestimmten Stiftungszweck gewidmet wird. Dieses Vermögen muss in seiner Substanz grundsätzlich erhalten werden."[14]

Zentrale Bedeutung für eine Stiftung hat ihr Stiftungszweck, in diesem manifestiert sich der Stifterwillen. Der Stiftungszweck wird bei Gründung der Stiftung festgeschrieben und ist dauerhaft maßgebend für die Tätigkeit, z.B. in Form einer Förderung oder des operativen Wirkens, einer Stiftung. Der Stiftungszweck kann grundsätzlich nur in Ausnahmefällen geändert werden. Die in Paragraph 87 des Bürgerlichen Gesetzbuches (BGB) geregelten strengen Vorschriften lassen beispielsweise eine Änderung dann zu, wenn die Erfüllung des Stiftungszwecks als unmöglich eingestuft wird oder eine Gefährdung des Gemeinwohls vorliegt. Die Gründung einer Stiftung verlangt eine Anerkennung durch die zuständige Behörde des Landes, in dem die Stiftung ihren Sitz haben soll. Eines der Hauptkriterien für die Anerkennung der Rechtsfähigkeit einer Stiftung ist eine dauerhaft als gesichert anzusehende „nachhaltige Erfüllung des Stiftungszwecks"[15].

---

[13] Siehe: Bundesverband Deutscher Stiftungen (2008-A), S. 14
[14] Siehe: Wigand / Haase-Theobald u.a. (2007), S. 34
[15] Siehe: BGB abgedruckt in: Gastiger (2005), § 80 Abs.2 BGB

Stiftungen lassen sich durch einige wesentliche Merkmale von Handelsgesellschaften oder einem Verein als Körperschaft abgrenzen. Während eine Stiftung grundsätzlich keine Mitglieder kennt, ist ein wesentliches Merkmal einer Körperschaft die Mitgliederabhängigkeit. Körperschaften sind zwar vom jeweiligen Mitgliederbestand an sich unabhängig, beruhen jedoch auf der Mitgliedschaft von Personen und werden von deren Interessen bestimmt. Eine Stiftung kennt darüber hinaus keinen Eigentümer, „sie gehört sich selbst"[16]. Sie verselbstständigt sich mit der Konstituierung ihres Stiftungszwecks. Eine Rechtsform, die ebenfalls keine Mitglieder vorsieht, ist die Anstalt. Eine Stiftung unterscheidet sich jedoch in sofern von einer Anstalt, dass durch den einmal festgelegten Stiftungszweck keine Einflussnahme mehr auf das Handeln als Akteur oder die Zielsetzungen der Stiftung genommen werden kann, wie das bei einer Anstalt der Fall ist. Wigand, Haase-Theobald, Heuel und Stolte bezeichnen eine Stiftung somit treffend als „Sklavin ihres Zwecks"[17]. Zur Ausführung des Stifterwillens werden Stiftungsgremien wie etwa ein Vorstand berufen.

Stiftungen stellen sich auf Grund ihres Wesens und ihrem Hervorgehen aus dem Akt des Stiftens als eine Assoziationsform mit einer sehr individualistischen Note dar, sie können somit nicht wie etwa ein Verein primär als „Ausdruck einer sozialen Bewegung"[18] verstanden werden. Bei einer Stiftung kommt ausschließlich der sehr individuelle Willen des Stifters zum Tragen und nicht die Motivation der Mitglieder oder Sympathisanten gemeinsam etwas zu erreichen oder eine gesellschaftliche oder politische Veränderung zu bewirken.[19]

Stiftungen haben eine spezifische Form der Kapitalverwaltung, es ist festlegt, dass das ihnen zu Grunde liegende Vermögen grundsätzlich

---

[16] Siehe: Wigand / Haase-Theobald u.a. (2007), S. 35
[17] Siehe: Wigand / Haase-Theobald u.a. (2007), S. 36
[18] Siehe: Zimmer in: Graf Strachwitz / Merker (2005), S. 14
[19] Vgl.: Zimmer in: Graf Strachwitz / Merker (2005), S. 14

nicht angetastet werden darf. Zur Projektarbeit stehen somit ausschließlich die Erträge aus der Kapitalanlage der Stiftung zur Verfügung. Dies ermöglicht ein besonders nachhaltiges arbeiten, da gewährleistet ist, dass das Kapital auf Dauer erhalten bleibt. Stiftungen können prinzipiell zu jedem legalen Zweck errichtet werden. Der Großteil der Stiftungen in Deutschland verfolgt jedoch einen am Gemeinwohl orientierten Zweck, etwa die Förderung sozial Benachteiligter, die Förderung von Wissenschaft, den Umweltschutz oder Kultur und Bildung. In Deutschland sind etwa 98% aller Stiftungen als gemeinnützig nach geltender Rechtslage anerkannt.[20]

3.3) Formen einer Stiftung

3.3.1) Differenzierung anhand verschiedener Dimensionen

Stiftungen können in verschiedenen Dimensionen unterschieden werden, neben ihren rechtlichen Erscheinungsformen kann als Unterscheidungskriterium auch die Frage nach ihrer Selbstständigkeit zur Differenzierung herangezogen werden. In einer dritten Dimension können Stiftungen nach der Art ihrer Tätigkeit, also der Frage ob sie Dritte unterstützen und damit ihrem Stiftungszweck gerecht werden oder ob sie selbst operativ tätig sind, unterschieden werden.

3.3.2) Operative Stiftungen und Förderstiftungen

Es gibt zum einen Stiftungen, die ihren in Form des Stiftungszwecks festgelegten Auftrag selbst verwirklichen und somit selbst operativ tätig sind, und zum anderen Stiftungen, die durch Förderungen meist finanzieller aber auch materieller Natur, oftmals auf Antragsstellung,

---

[20] Vgl.: Graf Strachwitz in: Graf Strachwitz / Merker (2005), S. 43

Dritte unterstützen. Erstgenannte Erscheinungsform nennt man operative Stiftung, die Zweitgenannte wird als Förderstiftung bezeichnet. Möglich und in der Praxis nicht selten ist auch eine Mischform aus beiden Arten. Da Stiftungen häufig nicht nur in einem einzelnen Bereich tätig sind, wäre es zum Beispiel vorstellbar, dass Stiftung XY in Eigenregie eine Werkstatt für behinderte Menschen betreibt, was ein operatives Geschäft wäre, jedoch gleichzeitig Stipendien, also eine finanzielle Förderung, für behinderte Studenten vergibt. Letzteres wäre eine klassische Tätigkeit einer Förderstiftung.

Die auf den ersten Blick leicht erscheinende Differenzierung stellt sich in der Praxis jedoch komplizierter dar als erwartet. Unterschieden werden muss in jedem Fall zwischen einer Differenzierung aus dem Alltagsverständnis heraus und einer Differenzierung anhand der gegebenen Rechtslage, sprich der Abgabenordnung[21].[22] Darüber hinaus kann bei genauerer Betrachtung zwar eine Stiftung, die einem auf Dauer festgelegten Destinatär[23], beispielsweise einer sozialen Einrichtung, zugute kommt, klar als Förderstiftung kategorisiert werden, da sich ihre Arbeit idealtypisch auf die reine Verwaltungstätigkeit beschränkt. Eine Stiftung hingegen, die Fördermittel auf Antragsstellung hin vergibt, hat in der Regel einen erheblichen Aufwand bei der Auswahl der förderwürdigen und letztendlich den Zuschlag erhaltenden Fälle, Einrichtungen, Projekte oder Personen. Dies kommt der Arbeitsweise einer operativen Stiftung zumindest in gewisser Weise sehr nahe.[24]

Es lässt sich festhalten, dass der Arbeitsaufwand einer Förderstiftung mit wechselnden Destinatären ungleich höher ist als der einer Stiftung mit einem oder mehreren gleich bleibenden Destinatären, somit wird

---

[21] Vgl.: Abgabenordnung
[22] Vgl.: Adloff in: Graf Strachwitz / Merker (2005), S. 135
[23] *Als Destinatär wird der Bezugsberechtigte einer Stiftung bezeichnet.*
[24] Vgl.: Adloff in: Graf Strachwitz / Merker (2005), S. 135

„die strikte Unterscheidung zwischen operativer und fördernder Tätigkeit in diesem Fall quasi künstlich durch die Abgabenordnung produziert"[25].

3.3.3) Rechtliche Erscheinungsformen von Stiftungen

Eine grundsätzlichere Unterscheidung von Stiftungen lässt sich anhand ihrer rechtlichen Erscheinungsform treffen. Man differenziert zwischen Stiftungen in privatrechtlicher Form, die als Stiftungen des bürgerlichen Rechts geführt werden, und öffentlich-rechtlichen Stiftungen. Beide Formen haben den Status einer selbständigen Stiftung mit eigener Rechtspersönlichkeit im Sinne des Stiftungsrechts inne.

Privatrechtliche Stiftungen (Stiftungen des bürgerlichen Rechts)
Privatrechtliche Stiftungen können differenziert werden in zwei verschiedene Ausprägungen. Zum einen gibt es Stiftungen, die primär Privatinteressen dienen, also beispielsweise einem begrenzten Personenkreis (Familien, Betriebsangehörigen oder Vereinen) oder einem Unternehmen zugute kommen. Ein klassisches Beispiel hierfür ist die Familienstiftung, ihr Zweck dient dem Wohl einer oder mehrerer bestimmter Familien. Wesentliches Kriterium einer Familienstiftung ist die Möglichkeit der Familienmitglieder, das Vermögen der Stiftung zu nutzen und die Erträge aus dem Vermögen an sich zu ziehen, unabhängig davon ob in der Praxis von diesem Recht Gebrauch gemacht wird oder nicht.[26] Ein weiteres Beispiel wäre die Unternehmensstiftung, wie sich aus dem Begriff schließen lässt, handelt es sich um eine Stiftung, die ihr Stiftungsvermögen in einem Unternehmen angelegt hat, der Mittel aus einem Unternehmen zufließen oder die

---

[25] Siehe: Adloff in: Graf Strachwitz / Merker (2005), S. 135
[26] Vgl.: Wigand / Haase-Theobald u.a. (2007), S. 37

Einfluss auf ein Unternehmen ausübt.[27]

Als zweite Ausprägung gibt es solche Stiftungen, die sich dem Gemeinwohl verschrieben haben, also einen Zweck verfolgen, der der Öffentlichkeit zugute kommt.[28] Sie haben größtenteils den Status der Gemeinnützigkeit inne, was durch die damit verbundene Steuerbefreiung einen erheblichen finanziellen Vorteil in sich birgt. Die in Paragraph 52 der Abgabenordnung[29] geregelte Vorschrift stuft eine Stiftung oder eine Körperschaft als gemeinnützig ein, wenn „ihre Tätigkeit darauf gerichtet ist, die Allgemeinheit auf materiellem, geistigen oder sittlichen Gebiet selbstlos zu fördern"[30]. Als anerkannte gemeinnützige Zwecke gelten insbesondere die Förderung von Wissenschaft, Bildung, Erziehung, Kunst, Kultur, Religion, Entwicklungshilfe, Umweltschutz, Sozial- und Gesundheitswesen, Sport und Demokratie.[31] Verfolgt eine Stiftung mehrere Zwecke, muss für die Anerkennung der Gemeinnützigkeit jeder einzelne Zweck steuerbegünstigt sein. Eine in Deutschland zunehmend an Bedeutung gewinnende Form einer gemeinwohlfördernden Stiftung ist die so genannte Bürgerstiftung. Hierbei handelt es sich um die in ihren Bestandszahlen am schnellsten wachsende und gleichzeitig jüngste Stiftungsform in Deutschland.[32] Auf eine kurze Formel gebracht spricht man von einer Stiftung „von Bürgern für Bürger". Meist ist ihr Wirkungsbereich territorial eingegrenzt, zum Beispiel auf eine Gemeinde oder einen Stadtteil. Ihr Zweck verfolgt ein den Bürgern zugute kommendes Anliegen, etwa die Koordination von Netzwerken oder die Projektförderung,[33] übergreifend ist die Aktivierung von bürgerschaftlichem Engagement ein zentrales

---

[27] Vgl.: Wigand / Haase-Theobald u.a. (2007), S. 36 f.
[28] Vgl.: Wigand / Haase-Theobald u.a. (2007), S. 36
[29] Vgl.: Abgabenordnung
[30] Siehe: Abgabenordnung, § 52, Abs. 1, S. 1
[31] Vgl.: Abgabenordnung, § 52, Abs. 2
[32] Vgl.: Wigand / Haase-Theobald u.a. (2007), S. 37 f.
[33] Vgl.: Hinterhuber in: Graf Strachwitz / Merker (2005), S. 337

Anliegen.

Neben der Gemeinwohlförderung gibt es zwei weitere Optionen für Stiftungen, durch die sie in den Genuss der angesprochenen Steuerbegünstigung kommen können, nämlich die Mildtätigkeit, also das Verrichten einer Tätigkeit, die „darauf gerichtet ist, Personen selbstlos zu unterstützen"[34], und das Verfolgen kirchlicher Zwecke, geregelt in Paragraph 54 der Abgabenordnung.[35] Die beiden letztgenannten Bereiche fallen wohl in einer Vielzahl der Fälle im Alltagsverständnis ebenso unter den Überbegriff „gemeinnützig".

Öffentlich-rechtliche Stiftungen (Stiftungen des öffentlichen Rechts)
Maßgebliches Unterscheidungskriterium zwischen einer Stiftung des bürgerlichen und des öffentlichen Rechts ist der Akt der Stiftungsgründung und der Stiftungsgründer. Während Stiftungen des bürgerlichen Rechts von Privatpersonen ins Leben gerufen werden, entstehen öffentlich-rechtliche Stiftungen durch einen verwaltungsrechtlichen Hoheitsakt, ein Gesetz oder eine Verordnung. In diesem Zusammenhang sind auch kommunale Stiftungen zu nennen, die heute in zahlreichen Gemeinden bestehen.
Sinn und Zweck einer „staatlichen Stiftung" ist die Erfüllung öffentlicher Aufgaben. In Erfüllung dieser Funktion sind sie, anders als privatrechtliche Stiftungen, den für die öffentliche Verwaltung allgemein geltenden Vorschriften unterworfen.

Kirchliche Stiftungen
Kirchliche Stiftungen weisen organisatorisch eine enge Bindung zu einer Kirche auf und müssen zudem durch eine Kirche gegründet werden. Ihre Zwecke liegen in der Erfüllung kirchlicher Aufgaben, etwa

---

[34] Siehe: Abgabenordnung, § 53, S.1
[35] Vgl.: Abgabenordnung

der Verwaltung von Kirchenvermögen, der Unterhaltung von kirchlichen Gebäuden oder auch der Wohlfahrtspflege.[36] Ein maßgebliches Unterscheidungskriterium zu nicht-kirchlichen Stiftungen liegt in der Stiftungsaufsicht, da bei kirchlichen Stiftungen die Kirche und nicht wie sonst üblich das Bundesland diese Zuständigkeit innehat.[37] Maßgebende Regelungen und Vorschriften für kirchliche Stiftungen sind neben den Landesstiftungsgesetzen auch in eigenen kirchlichen Stiftungsordnungen geregelt. Kirchliche Stiftungen können als Stiftungen des öffentlichen Rechts oder als Stiftungen des bürgerlichen Rechts geführt werden und bilden in diesem Sinne nur bedingt eine eigenständige Kategorie.

3.3.4) Selbstständige Stiftungen und unselbstständige Stiftungen

Als dritte Dimension kann eine Unterscheidung anhand des Kriteriums der Selbstständigkeit von Stiftungen getroffen werden. Während es sich bei der so genannten selbstständigen Stiftung um eine juristische Person handelt, die durch eine staatliche Genehmigung und durch das Stiftungsgeschäft entsteht und ein rechtlich selbstständiges Vermögen bildet, haben unselbstständige Stiftungen nicht die Form einer juristischen Person. Die Gründung einer unselbstständigen Stiftung geschieht durch eine Vereinbarung zwischen einem Treuhänder und dem Stifter, dabei wird das Stiftungsvermögen auf ersteren übertragen.[38] Unselbstständige Stiftungen sind deshalb auch als Treuhandstiftungen bekannt, sie unterliegen nicht den §§ 80 ff. BGB und nicht der sonst geltenden staatlichen Aufsicht. Diese Stiftungsform ist heute nach Angaben des Bundesverbandes Deutscher Stiftungen weit

---

[36] Vgl.: Wigand / Haase-Theobald u.a. (2007), S. 40
[37] Vgl.: Wigand / Haase-Theobald u.a. (2007), S. 40
[38] Vgl.: Freiherr von Rotenhan in: Graf Strachwitz / Merker (2005), S. 307 f.

verbreitet, es gibt jedoch praktisch keine Möglichkeit die exakte Anzahl der Treuhandstiftungen in Deutschland zu ermitteln.[39]

3.4) Geschichtliche Entwicklung

Stiftungen haben in Deutschland eine lange und traditionsreiche Geschichte. Die frühesten in Deutschland bekannten Stiftungen waren ausschließlich kirchlicher Natur, was sich darauf zurückführen lässt, dass Kirchenväter ihrer christlichen Glaubensgemeinschaft im frühen Mittelalter gelehrt hatten, mit ihrem Ableben einen Teil ihrer Güter für kirchlich soziale Zwecke zu hinterlassen um für ihr eigenes Seelenheil zu sorgen.[40] Diese testamentarisch abgetretenen Güter flossen oftmals in Stiftungen für Arme, Witwen oder Waisen.

Die älteste bekannte und noch bis heute bestehende deutsche Stiftung ist die Stiftung „Vereinigte Pfründnerhäuser Münster", ihr Entstehen ist auf das 900. Jahrhundert nach Christus datiert. Gefolgt wird sie von der Hospitalstiftung Wemding in Ries, die ca. 950 nach Christus errichtet wurde.[41]

Rupert Graf Strachwitz, bekannter deutscher Stiftungsexperte und Autor mehrerer stiftungsspezifischer Werke, führt die Entstehung von Stiftungen bis in die Antike zurück.[42] Als Beispiel nennt er die Akademie Platons, der nach dem Tod ihres Namensgebers im Jahr 348 v. Chr. sein komplettes Vermögen zufiel, „ausdrücklich mit dem Zweck, unbeeinflusst von äußeren Einflüssen ebenso wie frei von wirtschaftlichen Nöten sein Werk fortsetzen zu können"[43]. Diese Akademie verstand sich als Philosophenschule, deren Ziel die Lehre

---

[39] Vgl.: Bundesverband Deutscher Stiftungen (2008-A), S. 12 und S. 14
[40] Vgl.: Wigand / Haase-Theobald u.a. (2007), S. 26
[41] Vgl.: Wigand / Haase-Theobald u.a. (2007), S. 26
[42] Vgl.: Graf Strachwitz in: Graf Strachwitz / Merker (2005), S. 34
[43] Siehe: Graf Strachwitz in: Graf Strachwitz / Merker (2005), S. 34

der Philosophie und somit die Ausbildung von Akademikern war. Im römischen Recht war das Stiftungswesen ursprünglich als „pia causa" verankert, was aus dem Lateinischen mit „fromme Stiftung" übersetzt werden kann.[44]

Ein wichtiger Baustein in der Entwicklung des europäischen Stiftungswesens war die Anerkennung der Kirche als Körperschaft im Sinne des Rechts durch das Konzil von Nikaia im Jahr 325 nach Christus. Dieser Beschluss ermöglichte der Kirche sowohl Treuhänderin als auch Erbin von Vermögenswerten zu sein, diese wurden somit nicht mehr wie bisher ihren Amtsträgern oder Mitgliedern persönlich zugerechnet.[45]

Während Stiftungen, die in den Jahren 900 nach Christus bis zum Mittelalter gegründet wurden, sich überwiegend auf die Altenhilfe fokussierten und soziale oder kirchliche Zwecke verfolgten, entstanden ab dem 13. Jahrhundert zunehmend auch weltliche Stiftungen mit weltlichen Zwecken. Diese standen, im Gegensatz zu kirchlichen Stiftungen, unter der Aufsicht städtischer Instanzen. Hintergrund dieser Entwicklung war die sich seit dem 12. Jahrhundert allmählich vollziehende Rezeption des römischen Rechts und eine damit einhergehende „Verweltlichung des Stiftungswesens"[46]. Ein populäres Beispiel hierfür sind die Franke'schen Stiftungen zu Halle, die im Jahr 1695 gegründet wurden. In ihrer Stiftungssatzung war neben sozialen Zwecken auch die Förderung von Kultur und Bildung festgeschrieben. Ein knappes Jahrhundert später entstand mit der Senckenbergischen Stiftung in Frankfurt eine der ersten Stiftungen, die sich der Förderung der Medizin und Gesundheitsfürsorge verschrieben hatte.[47]

Indiz für den beschriebenen Prozess der zunehmenden Verweltlichung des Stiftungswesens war die verstärkt auftretende Treuhänderschaft

---

[44] Vgl.: Graf Strachwitz (1994), S. 9
[45] Vgl.: Graf Strachwitz in: Graf Strachwitz / Merker (2005), S. 36
[46] Siehe: Graf Strachwitz in: Graf Strachwitz / Merker (2005), S. 37
[47] Vgl.: Wigand / Haase-Theobald u.a. (2007), S. 26 f.

von Städten und Universitäten. Ihre Funktion als Treuhänder war deshalb so gefragt, weil bei Stiftungen mit einem Treuhänder in Form einer natürlichen Person das Fortbestehen und die Orientierung am ursprünglichen Stiftungszweck nach dem Ableben der verantwortlichen Person deutlich unsicherer schien, als bei einer juristischen Person.

Die sich im 16. Jahrhundert in Deutschland vollziehende Reformationsbewegung, getragen von Leuten wie Luther, Zwingli und Calvin, verursachte einen Einschnitt in die Entwicklung des deutschen Stiftungswesens. Die geltende Annahme, dass die Rechtfertigung von Sündern durch gute Werke oder das Gebet anderer möglich sei, insbesondere auch nach ihrem Tod, wurde von den Reformatoren heftig kritisiert und letztendlich verworfen. Dies hatte zur Folge, dass ein bis dato gewichtiger Grund für das florierende kirchliche Stiftungswesen nicht länger existierte und die Übernahme der Reformation in Städten mit der Aufhebung von Stiftungen einher ging.[48]

Im 17. Jahrhundert gerieten Stiftungen auf Grund ihres Reichtums, ihres Einflusses und ihrer Unabhängigkeit in das Visier der französischen Staatsrechtslehre, dies zeigte auch Auswirkungen auf Deutschland und andere kontinentaleuropäische Länder. Der französische Staat stufte jede „nicht dem Staat unmittelbar zugeordnete und in seine Hierarchie fest eingefügte Organisation als für diesen gefährlich"[49] ein. Dies hatte zur Folge, dass Stiftungen auch außerhalb Frankreichs in einem deutlich negativeren Verständnis begriffen wurden als dies bisher der Fall war. In Frankreich führte dies 1749 sogar zur staatlichen Forderung nach der gänzlichen Vernichtung des Stiftungswesens, was letztendlich im Jahr 1791 auch umgesetzt wurde. Stiftungen wurden hier erst seit 1983 wieder zugelassen. Ausschlaggebend für den Schutz des Stiftungswesens in Deutschland und der Bewahrung vor

---

[48] Vgl.: Graf Strachwitz in: Graf Strachwitz / Merker (2005), S. 38
[49] Siehe: Graf Strachwitz in: Graf Strachwitz / Merker (2005), S. 39

seiner Auflösung im 17. und 18. Jahrhundert war der hohe Autonomiegrad der deutschen Städte, der seinen Grund in der splitterhaften Zusammensetzung Deutschlands aus einer Vielzahl von Kleinstaaten hatte. Die Städte der damaligen Zeit waren oftmals durch einen „anti-staatlichen Charakter"[50] geprägt, und stellten sich erfolgreich gegen die Forderung nach dem Abbau des Stiftungswesens.

Ein erheblicher Aufschwung im Wachstum von Stiftungen lässt sich für das 19. Jahrhundert verzeichnen, die Zahl der Stiftungen in Deutschland wuchs in dieser Epoche erstmals auf über 100.000 an.[51] Bedeutsam war dieser Zeitabschnitt darüber hinaus auf Grund der Tatsache, dass erstmals selbstständige von unselbstständigen Stiftungen getrennt und auch in ihrem rechtlichen Status unterschieden wurden.

Die markanten Entwicklungen innerhalb Deutschlands im Verlaufe des 20. Jahrhunderts zeigten auch Auswirkungen auf das Stiftungswesen, jedoch weitestgehend im negativen Sinne. Das nationalsozialistische Regime unter Adolf Hitler ging massiv gegen die zahlreichen jüdischen Stiftungen vor und führte großflächig Stiftungsenteignungen durch. Darüber hinaus waren im sozialistischen Staat der DDR Stiftungsgründungen faktisch unmöglich. Diese beiden Entwicklungen sind als ausschlaggebende Faktoren für den zahlenmäßigen Rückgang der Stiftungen in Deutschland im 20. Jahrhundert zu werten.[52]

Seit dem Ende der 90er Jahre des 20. Jahrhunderts und dem Beginn des 21. Jahrhunderts erlebt man in Deutschland eine „Renaissance des Stiftungsgedankens"[53]. Dies drückt sich insbesondere durch eine hohe Anzahl an Neugründungen und ein deutlich gesteigertes öffentliches Interesse an Stiftungen aus. Zurückzuführen ist dies auf mannigfaltige Ursachen, wesentliche Aspekte sind der Zuwachs an

---

[50] Siehe: Graf Strachwitz in: Graf Strachwitz / Merker (2005), S. 40.
[51] Vgl.: Bundesverband Deutscher Stiftungen (2008-A), S. 13
[52] Vgl.: Graf Strachwitz in: Graf Strachwitz / Merker (2005), S. 42 f.
[53] Siehe: Bundesverband Deutscher Stiftungen (2008-A), S. 13

Vermögen in privater Hand und die gesteigerte gesellschaftliche Bedeutung des bürgerschaftlichen Engagements,[54] was sich insbesondere aus den Herausforderungen für den deutschen Sozialstaat im Zusammenhang mit dem demographischen Wandel ergibt.

TABELLE 1:[55] **Stiftungserrichtungen in den letzten Jahrhunderten**

Jahrhundert	Heute noch existierende Stiftungen
Bis 12. Jh.	10
13. Jh.	26
14. Jh.	42
15. Jh.	43
16. Jh.	91
17. Jh.	79
18. Jh.	148
19. Jh.	753
20. Jh.	7194
21. Jh. (2001 - 2007)	4481
Gesamt	12867

Ausgewertet wurden Daten von 12.867 Stiftungen, die eine Angabe zu ihrem Errichtungsjahr und ihrem Rechtssitz gegeben haben. Alle Stiftungen sind heute noch existierende rechtsfähige Stiftungen des bürgerlichen Rechts. Datengrundlage ist die Datenbank Deutscher Stiftungen des Bundesverbandes Deutscher Stiftungen.

---

[54] Vgl.: Graf Strachwitz in: Graf Strachwitz / Merker (2005), S. 44
[55] Quelle: Bundesverband Deutscher Stiftungen (2008-A), S. 76

3.5) Rechtliche Grundlagen

3.5.1) Die rechtlichen Grundlagen in Deutschland im Überblick

Das deutsche Stiftungsrecht ist nur bedingt bundeseinheitlich geregelt, da jedes Bundesland die Hoheit über ein landesspezifisches Stiftungsrecht innehat. Es existieren zwar bundesweit geltende Rechtsnormen, insbesondere im *Bürgerlichen Gesetzbuch* (§§ 80 – 88 BGB), diese umfassen jedoch nur rechtsfähige Stiftungen des Privatrechts und bilden nur einen Rahmen für spezifischere Regelungen. Wigand, Haase-Theobald, Heuel und Stolte sprechen in diesem Zusammenhang von einer „Funktion eines Leitbilds für das Stiftungsrecht"[56].

Insgesamt stellt es sich als schwierig dar, einen präzisen und umfassenden Überblick über alle relevanten Rechtsgrundlagen für das deutsche Stiftungswesen zu geben, da sich in äußerst vielen Bereichen des deutschen Rechtssystems Regelungen finden, die Stiftungen betreffen. Sowohl im öffentlichen wie auch im privaten Recht, sowohl im Bundes- wie auch im Landesrecht, dazu im Verfassungsrecht, im Kirchenrecht und auch im Steuerrecht. Überall finden sich Regelungen mit Bezug zum Stiftungswesen, Regelungen, die Stiftungen von ihrer Gründung bis zu ihrer Aufhebung begleiten. Aus diesem Grund kann und soll hier nur ein grundlegender Gesamtüberblick über die wichtigsten Regelungen gegeben werden.

Neben dem *Bürgerlichen Gesetzbuch* sind die *landesgesetzlichen Regelungen* von ausschlaggebender Bedeutung, in ihnen werden öffentlich-rechtliche Fragen des Stiftungsrechts wie die Ausgestaltung der Stiftungsverfassung, das Anerkennungsverfahren oder die Stiftungsaufsicht geregelt.[57] Regelungen zu Steuerfragen und damit verbunden insbesondere die Regelungen bezüglich der Anerkennung

---

[56] Siehe: Wigand / Haase-Theobald u.a. (2007), S. 35
[57] Vgl.: Wigand / Haase-Theobald u.a. (2007), S. 34 f.

der Gemeinnützigkeit, finden sich in der bundeseinheitlich geltenden *Abgabenordnung*[58]. Dieser kommt auf Grund der Tatsache, dass als gemeinnützig anerkannte Stiftungen besondere Steuervorteile genießen, eine besondere Bedeutung zu. Einschlägige Paragraphen in der Abgabenordnung sind § 14 AO und §§ 51 ff. AO.

Weitere wichtige Bestimmungen für das Stiftungsrecht in Deutschland finden sich unter anderem im *Erbschaft-* und *Schenkungssteuergesetz*, im *Körperschaftssteuergesetz*, im *Einkommenssteuergesetz* und im *Vereinsrecht*. Letzteres ist stark prägend für das Stiftungsrecht, deutlich zeigt sich dies beispielsweise bei der Regelung bezüglich der Geschäftsführung des Stiftungsvorstandes, „die wesentlich vom Vereinsrecht bestimmt wird"[59].

Die Kirche regelt ihre stiftungsspezifischen Angelegenheiten im Rahmen der geltenden Rechtslage Deutschlands weitestgehend autonom. Sowohl die evangelische als auch die katholische Kirche haben eigene *Stiftungsordnungen für kirchliche Stiftungen*,[60] diese orientieren sich an den im jeweiligen Bundesland geltenden Stiftungsgesetzen. Die jüngste Reform des Stiftungsrechts wurde vom 14. deutschen Bundestag in einem zweistufigen Prozess vollzogen, sie zielte auf eine Optimierung der Rahmenbedingungen des Stiftungswesens. In einem ersten Schritt wurden im Jahr 2000 die steuerlichen Anreize für Gründer einer steuerbegünstigten Stiftung deutlich erhöht, dadurch sollte eine weitere Ankurbelung der Stiftungsgründungen bewirkt werden. Der zweite Schritt wurde zwei Jahre später vollzogen, indem das Zivilrecht der bürgerlich-rechtlichen Stiftungen „modernen Erfordernissen angepasst"[61] wurde. Dies hatte zur Folge, dass die Bundesländer ihre entsprechenden Landesgesetze diesbezüglich zu

---

[58] Vgl.: Abgabenordnung
[59] Siehe: Freiherr von Rotenhan in: Graf Strachwitz / Merker (2005), S. 257
[60] Vgl.: Lex in: Graf Strachwitz / Merker (2005), S. 205
[61] Siehe: Graf Strachwitz in: Graf Strachwitz / Merker (2005), S. 44

korrigieren hatten.

3.5.2) Landesrechtliche Regelungen in Baden-Württemberg

Da das deutsche Stiftungsrecht wie erwähnt nicht bundeseinheitlich geregelt ist und im Rahmen dieser Arbeit eine Stiftungsanalyse von Sozialstiftungen aus Baden-Württemberg vorgenommen wird, soll kurz auf das Baden-Württembergische Stiftungsrecht[62] eingegangen werden.

Die einzelnen Stiftungsgesetze der Bundesländer in Deutschland wiesen eine Vielzahl an Gemeinsamkeiten auf, sie unterscheiden sich jedoch insbesondere hinsichtlich des Umfanges der Regelungen. Das Stiftungsgesetz aus Baden-Württemberg beinhaltet, ähnlich wie das Bayerische Stiftungsgesetz, im Gegensatz zu anderen Ländern ein eher umfangreicheres Regelwerk. Es existiert seit dem Jahr 1977 und wurde zuletzt im Jahr 2003 geändert. Gegliedert ist es in sechs Kapitel: die allgemeinen Bestimmungen, ein Kapitel über Stiftungen des bürgerlichen Rechts, ein Kapitel über Stiftungen des öffentlichen Rechts, ein Kapitel über besondere Arten von Stiftungen, ein Kapitel über Sonderregelungen für den ehemals badischen Landesteil und abschließend die Schlussbestimmungen.

Eine Besonderheit des Baden-Württembergischen Stiftungsgesetzes ist die erwähnte Sonderregelung für den ehemals badischen Landesteil.[63] Diese regelt die Umwandlung und Überleitung der im ehemals badischen Landesteil ansässigen Stiftungen. Alle Stiftungen, die nach dem badischen Stiftungsgesetz entstanden sind, waren rechtsfähige öffentlich-rechtliche Stiftungen. Durch die Umwandlungsregelung wird einigen dieser Stiftungen eine andere, dem heutigen

---

[62] Vgl.: Stiftungsgesetz für Baden-Württemberg
[63] Vgl.: Stiftungsgesetz für Baden-Württemberg, §§ 33 ff. StiftG

Verständnis entsprechende, Rechtsform zugeordnet.[64]

3.6) Sozialstiftungen in Deutschland

Sozialstiftungen, also Stiftungen die sich wie in Kap. 3.1 ausgeführt in ihrem Wirken dem sozialen Sektor zuordnen lassen, bilden in Deutschland die am häufigsten auftretende Stiftungsart. Nach Erhebungen unterschiedlicher Institute und Zahlen des Bundesverbandes Deutscher Stiftungen, zählen mehr als ein Drittel aller deutschen Stiftungen zu dieser Kategorie, gefolgt wird die Gruppe der Sozialstiftungen zahlenmäßig von Stiftungen, die sich auf die Bereiche Bildung und Erziehung (ca. 15%), Kunst und Kultur (ca. 14%) und Förderung der Wissenschaft (ca. 13%) konzentrieren.[65] Die Vielzahl an möglichen weiteren Kategorien, denen sich die übrigen Stiftungen zuordnen lassen können, ist groß und wird durch die Kreativität der Stifter und die diesbezüglich offene Rechtslage bedingt. Weitere wichtige Themenbereiche lassen sich jedoch durch die Überbegriffe Umweltschutz, Sport und Politik abstecken.

Die geschilderte geschichtliche Entwicklung des Stiftungswesens in Deutschland steht in engem Zusammenhang mit der großen Bedeutung, die Sozialstiftungen heute zukommt. Das Aufkommen von Stiftungen ging mit dem kirchlichen Bestreben einher, vorhandenes Vermögen langfristig zu kirchlichen und damit auch sozialen Zwecken zu bündeln und in Form von Stiftungen zweckmäßig zu binden. So waren viele der ersten Stiftungen Deutschlands einer Natur, der zufolge sie als Sozialstiftung einzustufen gewesen wären oder noch immer einzustufen sind. Seit dem Entstehen dieser ersten Stiftungen

---

[64] Vgl.: Stiftungsgesetz für Baden-Württemberg, §§ 33 ff. StiftG
[65] Vgl.: Wigand / Haase-Theobald u.a. (2007), S. 31

vor etwas mehr als 1000 Jahren spielen soziale Zwecksetzungen im Stiftungswesen eine zentrale Rolle. Neben Anliegen wie der Erhaltung kirchlicher Gebäude oder der Besoldung von kirchlichen Amtsträgern, wurden von Beginn an sozial Benachteiligte durch Stiftungen unterstützt, insbesondere im Bereich der Altenhilfe lässt sich ein starkes stiftungsgetragenes Engagement feststellen.[66]

Der Gesamtanteil, den Neugründungen von Sozialstiftungen im Verhältnis zu allen anderen neu gegründeten Stiftungen ausmachen, ist über die Jahrzehnte und Jahrhunderte hinweg groß geblieben, ging jedoch insbesondere mit dem Ausbau des Sozialstaates etwas zurück.[67] Dies ist aus Tabelle 2 ersichtlich.

TABELLE 2:[68] **Neugründungen von Stiftungen mit sozialen Zwecken**

Zeit-abschnitt	1951 – 1960	1961 – 1970	1971 – 1980	1981 – 1990	1991 – 2000	2001 - 2007
Anteil in %	39,00	33,00	31,00	24,00	27,00	28,00

Prozentualer Anteil der Stiftungen mit sozialen Zwecken in Relation zu allen anderen Zwecken

Die Tradition der Sozialstiftungen hat sich über Jahrhunderte in Deutschland entwickelt und ist bis heute fortgeführt und intensiviert worden. Rupert Graf Strachwitz stellt fest, das seit dem 19. Jahrhundert „die Zahl der kirchlichen Träger von sozialen Einrichtungen in Stiftungsform stark zugenommen"[69] hat, das Engagement der Kirchen

---
[66] Vgl.: Wigand / Haase-Theobald (2007), S. 26
[67] Vgl.: Bundesverband Deutscher Stiftungen (2008-A), S. 36
[68] Quelle: Bundesverband Deutscher Stiftungen (2008-A), S. 36
[69] Siehe: Graf Strachwitz in: Graf Strachwitz / Merker (2005), S. 43

im deutschen Wohlfahrtsstaat ist immens und drückt sich auch im bedeutenden Engagement kirchlicher Sozialstiftungen aus. Als prägnantes Beispiel hierfür lässt sich die Samariterstiftung[70] mit Hauptsitz im Baden-Württembergischen Nürtingen anführen, die als kirchliche Stiftung des bürgerlichen Rechts in ihrem Bundesland mit der Trägerschaft von über 30 sozialen Einrichtungen zu den größten Sozialunternehmern des Landes gehört. Als katholisches Gegenstück kann die Stiftung Liebenau[71] aus Meckenbeuren genannt werden, die als Sozialunternehmen in Form einer kirchlichen Stiftung des bürgerlichen Rechts ebenfalls die Rolle eines gewichtigen Akteurs in Baden-Württemberg innehat. Diese beiden Stiftungen stehen exemplarisch für ähnliche Sozialstiftungen aus anderen Bundesländern.

Jedoch sind auch nicht-kirchliche Sozialstiftungen bzw. nicht-kirchliche Stiftungen mit einem Engagement im sozialen Bereich in Deutschland von großer Bedeutung, auch sie leisten einen erheblichen Beitrag zum deutschen Wohlfahrtssystem. Als prominentes Beispiel lässt sich die Baden-Württembergische Dietmar Hopp Stiftung[72] heranziehen, die als Stiftung mit dem zweitgrößten Finanzvolumen Deutschlands (Vermögen: etwa 4 Milliarden Euro)[73] zahlreiche soziale Projekte fördert. Nicht untypisch für eine Stiftung mit einem derartigen Finanzvolumen ist das Engagement in ganz unterschiedlichen Bereichen, im Fall der Dietmar-Hopp-Stiftung wird neben sozialen Projekten insbesondere der Jugendsport[74], die Medizin und die Bildung gefördert.

Ebenso gibt es Stiftungen, die sich einzig und allein der Förderung eines Bereiches oder auch nur eines sozialen Projektes verschrieben

---

[70] *Der Internetauftritt der Samariterstiftung findet sich unter:* http://www.samariterstiftung.de
[71] *Der Internetauftritt der Stiftung Liebenau findet sich unter:* http://www.stiftung-liebenau.de
[72] *Der Internetauftritt der Dietmar Hopp Stiftung findet sich unter:* http://www.dietmar-hopp-stiftung.de
[73] Vgl.: Bundesverband Deutscher Stiftungen (2009), S. 10
[74] *Die Förderung des Jugendsports lässt sich auch als ein soziales Engagement kategorisieren, wird jedoch auf der Homepage der Dietmar Hopp Stiftung getrennt genannt.*

haben, etwa übergreifend der Behindertenhilfe oder speziell einer spezifischen Einrichtung zur Förderung betagter Menschen. In diesen Fällen spricht man typischerweise von einer Sozialstiftung. Wie in Kapitel 3.1 dargelegt habe auch ich dieses Kriterium in meiner Begriffsklärung berücksichtigt. Häufig auftretende Mischformen, also Stiftungen deren Engagement sich auf verschiedene Bereiche verteilt, wie bei der Dietmar Hopp Stiftung der Fall, lassen sich nach der in dieser Arbeit aufgestellten Definition nur dann als Sozialstiftungen bezeichnen, wenn dem überwiegenden Anteil ihres Engagements eine soziale Zwecksetzung zu Grunde liegt. Sie sind jedoch ebenso Träger sozialer Projekte mit sozialer Verantwortung wie eine klassische „reine" Sozialstiftung, differenziert werden muss hier jedoch bezüglich der Bezeichnung.

Das deutsche Stiftungswesen ist insgesamt gesehen ein „Konglomerat vieler kleiner Stiftungen"[75]. Beindruckende Finanzvolumen großer Stiftungen wie der Dietmar Hopp Stiftung bilden im Gesamtbild eher die Ausnahme, die Mehrzahl aller Stiftungen und damit auch aller Sozialstiftungen, hat ein Vermögen, das sich auf weniger als 500.000 Euro beläuft.[76]

Die bedeutende Gesamtzahl an Stiftungen mit sozialen Zwecken in Deutschland, die sich bei einem aktuellen Bestand von etwa 16.000 Stiftungen[77] auf grob geschätzt mindestens 5.000 beläuft, zeigt, dass es sich um eine Dimension handelt, die unzweifelhaft eine ausschlaggebende Bedeutung für das „soziale System" der Bundesrepublik Deutschland hat. In Zeiten, in denen nicht nur renommierte Politikwissenschaftler wie beispielsweise Prof. Dr. Christoph Butterwegge[78]

---

[75] Siehe: Wigand / Haase-Theobald u.a. (2007), S. 27
[76] Vgl.: Wigand / Haase-Theobald u.a. (2007), S. 27
[77] Vgl.: Bundesverband Deutscher Stiftungen (2009), S. 3
[78] *Prof. Dr. Christoph Butterwegge leitet die Abteilung für Politikwissenschaft der Universität in Köln und ist Geschäftsführer des Seminars für Sozialwissenschaften an der Uni Köln.*

von einer „Krise des Sozialstaates"[79] sprechen, und der Sozialstaat augenscheinlich an seine Grenzen stößt oder milder ausgedrückt sich diesen zumindest nähert, kommt nicht-staatlichen Akteuren eine besondere Bedeutung zu. Sozialstiftungen sind unabhängige, teils sehr finanzkräftige Akteure, die in Krisenzeiten wie etwa der aktuellen Weltwirtschaftskrise weniger unmittelbar von den negativen Effekten betroffen sind, als viele andere wirtschaftlich arbeitende Unternehmensformen oder auch der Staat selbst.[80][81] Sie arbeiten nachhaltig, kontinuierlich und weitestgehend unabhängig von temporären Trends, sind kreative und innovative Problemlöser und werden überwiegend getragen von einer gemeinnützigen Grundhaltung. Damit sind sie als Partner für den Staat und die deutsche Gesellschaft insgesamt von großer Bedeutung.

Die in den letzten Jahren in den Vordergrund gerückte Diskussion um die Bedeutung des bürgerschaftlichen Engagements in Deutschland und die damit verbundene Debatte um die so genannte „Bürgergesellschaft", die ihren Ausdruck in dem 2007 erlassenen „Gesetz zur weiteren Stärkung des bürgerschaftlichen Engagements"[82] findet, lassen Stiftungen und insbesondere Sozialstiftungen weiter in den öffentlichen und gesellschaftlichen Fokus rücken. Offen ist jedoch dabei die Frage, welche Funktion Sozialstiftungen sich selbst zukommen lassen wollen, und ob die vom Staat gewünschte Entlastung desselben durch das Wirken der Stiftungen auch im Sinne der Stiftungen selbst liegt oder diese überhaupt touchiert?

Auf Grund der geschichtlichen Entwicklung des Stiftungswesens und der damit einhergehenden Traditionen, beschreibt Annette Zimmer

---

[79] Siehe: Butterwegge (2003), Abs. 1
[80] *Dies ist auf ihre spezifische Organisationsform und die damit verbundene Nachhaltigkeit auf Grun. ihres festen Kapitalstocks zurück zu führen.*
[81] Vgl.: DIE WELT online (2009)
[82] Siehe: Gesetz zur weiteren Stärkung des bürgerschaftlichen Engagements (2007)

eine „Aura des Guten und Nützlichen"[83], die Stiftungen umgibt. Nach ihrer Ansicht werden Stiftungen seit jeher in Verbindung mit einer Verantwortung für das Gemeinwesen gebracht. Dies ist eine Zuschreibung, der sie, bei einem Blick auf die Anzahl aller deutschen Stiftungen, die den Status der Gemeinnützigkeit innehaben (98% aller Stiftungen)[84], zweifellos gerecht werden.

Es besteht die Gefahr, dass Stiftungen, und dabei insbesondere auch Sozialstiftungen, als „quantitativ bedeutende alternative Finanzierungsquelle für öffentliche Aufgaben begrüßt werden"[85]. Eine Funktion, die sie nach Ansicht von Rupert Graf Strachwitz „weder erfüllen können noch sollten"[86]. Auch Wigand, Haase-Theobald, Heuel und Stolte stellen im Zusammenhang mit dem überlasteten Sozialstaat fest, dass in Sozialstiftungen eine Lösung gesehen wird, „die die entstehende Finanzierungslücke füllen kann"[87], fügen jedoch an, dass Stiftungen „nicht als Lückenbüßer des Staates missbraucht werden"[88] sollten.

---

[83] Siehe: Zimmer in: Graf Strachwitz / Merker (2005), S. 14
[84] Vgl.: Graf Strachwitz in: Graf Strachwitz / Merker (2005), S. 43
[85] Siehe: Graf Strachwitz in: Graf Strachwitz / Merker (2005), S. 45
[86] Siehe: Graf Strachwitz in: Graf Strachwitz / Merker (2005), S. 45
[87] Siehe: Wigand / Haase-Theobald u.a. (2007), S. 28
[88] Siehe: Wigand / Haase-Theobald u.a. (2007), S. 28

4) DER DEUTSCHE SOZIALSTAAT

4.1) „Sozialstaat": Begriffsklärung und Bedeutung

Dieses Kapitel erfüllt die Funktion eines Brückenschlags zwischen dem Thema Sozialstiftungen und der Fragestellung nach ihrer Nähe und Distanz zum deutschen Sozialstaat. Im Folgenden soll ein grober Überblick über die hier verwendeten Begrifflichkeiten und über das soziale Sicherungssystem der Bundesrepublik Deutschland gegeben werden.

Im Rahmen dieser Arbeit werde ich mich an der von Bernhard Thibaut im Lexikon der Politik verfassten Definition des Begriffes „Sozialstaat" orientieren. Diese beschreibt den Begriff als eine *„polit. Organisations- und Herrschaftsform, in der dem Staat über die klassischen Funktionen der Gewährleistung äußerer und innerer Sicherheit sowie bürgerlicher Freiheitsrechte hinausgehend die Aufgabe zugewiesen ist, regulierend und korrigierend in wirtschaftliche und gesellschaftliche Abläufe einzugreifen, um anerkannten Grundsätzen einer erstrebenswerten Sozialordnung Geltung zu verschaffen."*[89] Zentrale Handlungsfelder des Sozialstaates sind nach Thibaut „die Bekämpfung von Armut und die Schaffung von sozialer Sicherheit sowie, in Abhängigkeit von jeweils herrschenden Leitvorstellungen von Freiheit und Gerechtigkeit, der Abbau sozialer Ungleichheit"[90].

Ein Sozialstaat stellt dem ihm eigenen System der sozialen Sicherung den institutionellen Rahmen. Maßgebende Prämissen für einen Sozialstaat sind ein angestrebtes Höchstmaß an sozialer Sicherheit für alle Staatsbürger, ein Mindestmaß an sozialer Gerechtigkeit und das

---

[89] Siehe: Thibaut in: Nohlen (1998), S. 601 f.
[90] Siehe: Thibaut in: Nohlen (1998), S. 601 f.

Streben nach sozialer Gleichheit in der Gesellschaft.[91]

In der deutschsprachigen vergleichenden Politikwissenschaft wird der Begriff „Sozialstaat" synonym zu dem Begriff „Wohlfahrtstaat" verwendet.[92] Im internationalen Sprachgebrauch wird der aus dem angelsächsischen Sprachraum stammende Begriff „welfare state" verwendet, der erstmals im Jahre 1941 auftauchte.[93] Im deutschen Sprachgebrauch steht man dem Terminus „Wohlfahrtsstaat" jedoch eher kritisch gegenüber. Dies hat seine Ursprünge in der Zeit der Weimarer Republik, der Begriff wurde vom damaligen Reichskanzler von Papen als „Synonym für den überlasteten Versorgungsstaat"[94] gesehen und somit mit einer negativen Konnotation belastet. Diese sich bis heute behauptende kritische Sichtweise des Begriffes hat sich auch im deutschen Grundgesetz niedergeschlagen, hier ist vom „demokratischen und sozialen Bundesstaat"[95] die Rede, das Wort „wohlfahrtsstaatlich" oder „Wohlfahrtsstaat" findet sich nicht wieder.

4.2) Sozialstaatsregime

Man unterscheidet in der vergleichenden Sozialpolitikforschung zwischen verschiedenen Sozialstaatsregimen, die ursprünglich auf den einflussreichen dänischen Sozialwissenschaftler Gøsta Esping-Anderson zurückgehen. Dieser beschreibt Wohlfahrtsregime als „komplexe Strukturmuster der Sozialpolitik, insbesondere zum Arbeitsmarkt, zum Gemeinschaftssystem, vor allem der Familie, und zur staatlichen Regulierung selbst"[96]. Während die ursprüngliche Variante

---

[91] Vgl.: Thibaut in: Nohlen (1998), S. 601 f.
[92] Vgl.: Thibaut in: Nohlen (1998), S. 601 f.
[93] Vgl.: Merkel in: Nohlen (1994), S. 696
[94] Siehe: Merkel in: Nohlen (1994), S. 696
[95] Siehe: Grundgesetz für die Bundesrepublik Deutschland (1949), Art 20 [1]
[96] Siehe: Opielka in: Bundeszentrale für politische Bildung (2006), S. 37

Esping-Andersens zwischen drei Typen differenzierte, nämlich dem *liberalen*, dem *konservativen* und dem *sozialdemokratischen* Wohlfahrtsregime, wird in der neueren Literatur in der Regel als vierter Regimetyp das *südeuropäische* oder auch *mediterrane* Wohlfahrtsregime mit angeführt.[97] Die Darstellung der Regimetypen soll eine grobe Einordnung des deutschen Systems in den internationalen „Markt" der Wohlfahrtssysteme ermöglichen, eine Auseinandersetzung mit einem Sozialstaat ist ohne eine zumindest kurze vergleichende Einordnung unvollständig. Je nach Systemtyp kommt auch Stiftungen eine eigene Rolle zu, die Systeme lassen teils mehr, teils weniger Spielräume für zivilgesellschaftliche Akteure.

Im **liberalen Wohlfahrtsregime** wird soziale Sicherung schwerpunktmäßig als „Armutspolitik" verstanden, der Fokus liegt darauf wirklich Bedürftige mit den notwendigen Hilfen abzusichern. Als liberale Leitidee sozialer Gerechtigkeit gilt das Prinzip der Leistung, Politik orientiert sich an der Marktkonformität, die sich aus dem System der Marktwirtschaft ergebende Folge ist somit eine legitime Ungleichheit.[98] Die allgemeine Daseinsvorsorge geschieht über den Markt, jeder Bürger hat die Möglichkeit private Eigenvorsorge zu treffen. Die Sozialversicherungsleistungen sind insgesamt auf einem vergleichsweise niedrigen Niveau.[99] Beispiele für dieses Sozialstaatsmodell stellen die Systeme der USA, Irland und Großbritannien dar. Durch die eingeschränkte öffentliche Wohlfahrtsverantwortung des Staates sind nichtstaatliche Akteure wie etwa Stiftungen für das Wohlfahrtsarrangement von gehobener Bedeutung. Ihre große Bedeutung zeigt sich deutlich an den Beispielen USA und Großbritannien, in beiden

---

[97] Vgl.: Opielka in: Bundeszentrale für politische Bildung (2006), S. 37
[98] Vgl.: Opielka in: Bundeszentrale für politische Bildung (2006), S. 37 f.
[99] Vgl.: Opielka in: Bundeszentrale für politische Bildung (2006), S. 37 f.

Ländern findet sich ein sehr ausgeprägtes Stiftungswesen.[100]

In **sozialdemokratischen Wohlfahrtsregimen** ist die soziale Sicherung als Bürgerrecht verankert, somit stehen allen Bürgern unabhängig von ihrem sozialen Status gleiche Sicherungsleistungen zu. Richtungsgebend ist das Leitbild der Verteilungsgerechtigkeit, dem man durch staatlich-politische Umverteilung versucht gerecht zu werden. Ziel ist neben der Armutsbekämpfung somit auch die Lebensstandardsicherung eines jeden Bürgers. Das System ist primär steuerfinanziert, es wird ergänzt durch einkommensbezogene Leistungen aus betrieblichen Systemen.[101] Die Bedeutung von nichtstaatlichen Akteuren wie Stiftungen für das Sozialsystem ist auf Grund der weitestgehend staatlich organisierten Dienstleistungsproduktion in diesem Modell deutlich weniger prägnant. Dieser Regimetyp findet sich in den skandinavischen Ländern Dänemark, Schweden und Finnland, er ist weitgehend auf Europa beschränkt.

Im **konservativen Sozialstaatsmodell** dominiert die Sozialversicherung das soziale Sicherungssystem. Die Finanzierung ergibt sich hier durch Beitragszahlungen der Bürger. Die soziale Sicherung ist an den Beschäftigten– bzw. den Berufsgruppenstatus gekoppelt, Ziel ist die Sicherung des individuellen sozialökonomischen Status des Bürgers.[102] Als letztes Netz zur Schließung von Sicherheitslücken dient die Fürsorge. Die Sozialhilfe, die subsidiär bezahlt wird, also erst dann wenn keine anderen Maßnahmen mehr greifen, ist als eine Art soziales Netz zu verstehen. Als Beispiele gelten neben der Bundesrepublik Deutschland Österreich, Frankreich und die Beneluxstaaten.[103] Von Land zu Land unterschiedlich sind nichtstaatliche Akteure wie Stiftungen in diesem Sozialsystem teils von größerer, teils von

---

[100] Vgl.: Graf Strachwitz (1994), S. 154 ff.
[101] Vgl.: Merkel in: Nohlen (1995), S. 698 f.
[102] Vgl.: Merkel in Nohlen (1995), S. 698 f.
[103] Vgl.: Merkel in Nohlen (1995), S. 698 f.

geringerer Bedeutung. Dies lässt sich am Gegensatzpaar Frankreich und Deutschland verdeutlichen. Während in Deutschland Stiftungen eine gewichtige Rolle einnehmen, ist die Bedeutung von Stiftungen in Frankreich deutlich geringer, dies begründet sich auch aus den Folgen des grundsätzlichen Stiftungsverbots in Frankreich von 1791 bis 1983.[104]

Im **südeuropäischen Wohlfahrtsregime**, das in der neueren Literatur neben den drei oben genannten als weiterer Typ eines Wohlfahrtsregimes geführt wird, ist die sozialgesetzliche Daseinsvorsorge erst im Aufbau begriffen.[105] Es gibt gemischte Sicherungssysteme mit einem verhältnismäßig niedrigen Leistungsniveau und teilweise großen Sicherheitslücken. Dadurch entstehen hohe Sicherungserwartungen an primäre Netze, also die Familie sowie Verwandtschaft und Nachbarschaft. Stiftungen können, von Land zu Land verschieden, als nichtstaatliche Akteure im Wohlfahrtssystem von geringerer oder gehobenerer Bedeutung sein, die eher rudimentären staatlichen Sozialsysteme lassen grundsätzlich Spielräume. Beispielländer für diesen Typus sind südeuropäische Länder wie Portugal, Griechenland, Italien und Spanien.

4.3) Geschichte und Entwicklung des deutschen Sozialstaates

4.3.1) Die Geschichte des deutschen Sozialstaates
Entwicklung der Sozialgesetzgebung bis zur Weimarer Republik (bis 1918)
Die Entwicklung des deutschen Sozialstaates steht in einer engen Ver-

---

[104] Vgl.: Graf Strachwitz in: Graf Strachwitz / Merker (2005), S. 39
[105] Vgl.: Opielka in: Bundeszentrale für politische Bildung (2006), S. 37

bindung zu den sich im Zuge der Industrialisierung vollziehenden Umbrüchen des 19. Jahrhunderts und den sich daraus ergebenden gesellschaftlichen Wandlungsprozessen. Das 19. Jahrhundert brachte durch den Übergang Deutschlands von einem Agrar- zu einem Industriestaat einen erheblichen Anstieg der Zahl abhängig Beschäftigter mit sich und warf die Problematik der gesellschaftlichen Integration der Industriearbeiter, die so genannte Arbeiterfrage, auf.[106] Das vom Staat bewusst klein gehaltene, zahlenmäßig in der Bevölkerung jedoch stark vertretene, Proletariat konnte sich trotz repressivem staatlichem Gegenwirken schrittweise organisieren. 1878 sah sich Otto von Bismarck, amtierender Reichskanzler des Deutschen Kaiserreichs, von deren wachsendem Einfluss dermaßen bedroht, dass er das als Sozialistengesetz bekannte *„Gesetz gegen die gemeingefährlichen Bestrebungen der Sozialdemokratie"*[107] erließ.

Im Jahr 1883 wurde unter Bismarck schließlich der erste große Grundpfeiler des noch heute in Deutschland bestehenden sozialen Sicherungssystems errichtet, die gesetzliche Krankenversicherung für Arbeiter. Ausschlaggebend hierfür war von Seiten Bismarcks insbesondere die Idee, die weiterhin an Einfluss gewinnende Arbeiterschaft, nach seinem repressiven Vorgehen in Form des Sozialistengesetzes, für das Kaiserreich zu gewinnen und damit national zu integrieren.[108] Die so genannte Bismarcksche Sozialreform, die in den Jahren von 1883 bis 1889 drei „epochenmachende Gesetzeswerke"[109] hervorbrachte, umfasst die oben erwähnte *Krankenversicherung* aus dem Jahr 1883, die *Berufsunfallversicherung* aus dem Jahr 1884 und die *Rentenversicherung* zur Absicherung der Risiken Alter und Invalidität aus dem Jahr 1889.

---

[106] Vgl.: Lampert / Bossert (1992), S. 43 f.
[107] Siehe: Gesetz gegen die gemeingefährlichen Bestrebungen der Sozialdemokratie (1878)
[108] Vgl.: Kaufmann (2003), S. 269
[109] Siehe: Kaufmann (2003), S. 270

Im Jahr 1911 führte Wilhelm II die Rentenversicherung für Angestellte ein. Dies machte deutlich, dass neben den Arbeitern nun noch eine weitere Bevölkerungsgruppe zum „Schutzobjekt der staatlichen Sozialpolitik"*[110]* geworden war.

Entwicklung der Sozialgesetzgebung in der Weimarer Republik (1918 - 1933)

Grundsätzlich lässt sich die Weimarer Republik als eine Ära sozialstaatlicher und demokratischer Sozialpolitik bezeichnen, in der zum einen der Ausbau klassischer Bereiche staatlicher Sozialpolitik vollzogen, und zum anderen neue Bereiche der Sozialpolitik erschlossen wurden. Einen Grundstein für die positiven Entwicklungen im Bereich des sozialen Sicherungssystems wurde mit der Weimarer Reichsverfassung gelegt, in der der Grundsatz der sozialen Gerechtigkeit und die Gewährleistung der Menschenwürde proklamiert wurde.[111] Artikel 157 der Verfassung legte fest, dass die Arbeitskraft „unter besonderem Schutz des Reichs"*[112]* stand, ein deutliches Indiz für die gesteigerte Bedeutung, die diesem Bereich beigemessen wurde. Zentral war darüber hinaus die Einführung der Arbeitslosenversicherung im Jahr 1927.

Entwicklung der Sozialgesetzgebung im Dritten Reich (1933 -1945)

Geprägt war die Epoche des Nationalsozialismus in Deutschland durch die Abkehr von demokratischen Grundsätzen und dem unter Adolf Hitler stattfindenden Wandel hin zu einem totalitären Einparteienstaat. Sozialsystem und Sozialpolitik wurden als Mittel gesehen, um die von Hitler verfolgten Zielsetzungen zu erreichen. Dabei wurden die ihnen

---

[110] Siehe: Lampert / Althammer (2007), S. 88
[111] Vgl.: Lampert / Althammer (2007), S. 94
[112] Siehe: Verfassung des Deutschen Reiches (1919), Art. 157

ursprünglich zugedachten Funktionen aufgeweicht oder zweckentfremdet.[113] Daraus ist jedoch nicht zu schließen, dass ein grundsätzlicher Abbau des Sozialstaates vorangetrieben wurde, vielmehr wurde die „humanitäre, auf dem Gedanken der Barmherzigkeit, der christlichen Nächstenliebe, der ethisch motivierten Hilfsbereitschaft für den Mitmenschen beruhenden Motivation der Wohlfahrtspflege [...] durch rassistische, aristokratisch-elitäre, staatspolitisch orientierte Zweckrationalität ersetzt"[114].

Entwicklung der Sozialgesetzgebung in der BRD (ab 1949)

Die Sozialgesetzgebung in der Bundesrepublik Deutschland kann man aus wissenschaftlicher Perspektive in einzelne Zeitabschnitte unterteilen, nach Wolfgang Rudzio ergibt sich daraus folgende Vierteilung:[115]
In der *1. Phase* von *1949 bis 1966* stand die „Grundlegung und Kriegsfolgenbewältigung"[116] im Vordergrund. Hervorzuheben sind insbesondere die Einführung des Bundesversorgungsgesetzes im Jahr 1950 zur Versorgung der Kriegsopfer, die Förderung des sozialen Wohnungsbaus und insgesamt ein „reformierender Anschluss an tradierte Sicherungssysteme"[117]. Die *2. Phase* von *1966 bis 1975* war geprägt von der Konsolidierung und dem Ausbau der Sozialgesetzgebung.[118] Ein zentrales Thema dieser Phase war die Optimierung der Rentenpolitik, die sich insbesondere durch die Einführung des Rentenreformgesetzes 1972 ausdrückte.

Die *3. Phase* von *1975 bis 1984* steht für eine „Sozialpolitik der mageren Jahre"[119]. Aufgrund wirtschaftlicher Rezension, die mit einem

---

[113] Vgl.: Lampert / Althammer (2007), S. 101
[114] Siehe: Lampert / Althammer (2007), S. 105
[115] Vgl.: Rudzio (2006), S. 475 f.
[116] Siehe: Rudzio (2006), S. 475
[117] Siehe: Rudzio (2006), S. 475
[118] Vgl.: Rudzio (2006), S. 475 f.
[119] Siehe: Rudzio (2006), S. 476

einsetzenden Wachstumseinbruch verbunden war, und dem sich daraus ergebenden Druck, standen in dieser Periode in erster Linie Einsparungen im Vordergrund des sozialpolitischen Wirkens in der Bundesrepublik Deutschland. Die Sozialpolitik der **4. Phase** von **1985 bis 2006** war geprägt von einer weiteren Konsolidierung und Akzentsetzung.[120] Herausragendes Ereignis dieses Zeitabschnitts ist die im Jahr 1989 vollzogene Wiedervereinigung von Ost- und Westdeutschland, die eine erhebliche Systemanpassung erforderlich machte. Zur Schaffung der so genannten Sozialunion zwischen den neuen und den alten Bundesländern Deutschlands wurden wesentliche Prinzipien, Instrumente und Institutionen der Bundesrepublik auf das ehemalige Ostdeutschland übertragen.

Darüber hinaus war die 1995 vollzogene Einführung der Pflegeversicherung sozialpolitisch von großer Bedeutung,[121] das sich bisher aus vier Pfeilern zusammensetzende System der Sozialversicherungen in Deutschland wurde dadurch um eine fünfte Säule erweitert und komplettiert.

4.3.2) Grundzüge der Entwicklung

Seit der Einführung der Krankenversicherung im Jahre 1883 unterliegt das soziale Sicherungssystem Deutschlands einem sich fortführendem Wandel, der sich in den ersten dreißig Jahren vor allem als eine Erweiterung und ein Ausbau des Systems darstellte. Schrittweise wurden mehr *Tatbestände* im Sicherungssystem erfasst, von der Absicherung im Krankheitsfall und den Unfallschutz über die Unterstützung in der Zeit nach der Erwerbstätigkeit bis zur Arbeitslosigkeit, weitergehend die Belastung durch Kindererziehung und schließlich die Pflegebedürf-

---

[120] Vgl.: Rudzio (2006), S. 476
[121] Vgl.: Rudzio (2006), S. 476

tigkeit. Dabei wurden stetig mehr *Bevölkerungsgruppen* in das Sicherungssystem mit einbezogen. War die 1883 eingeführte Krankenversicherung anfänglich ausschließlich auf die Arbeiterschaft ausgerichtet, wurden ab 1911 auch Angestellte berücksichtigt. Im Rentenreformgesetz von 1972 wurde die Miteinbeziehung der bis dato in der Rentenversicherung nicht berücksichtigten Selbstständigen und Hausfrauen vollzogen. Schließlich zeigte sich eine weitere Öffnung in der Politik der Grundsicherung, die sich unter anderem 1961 in der Einführung der Sozialhilfe manifestierte. Franz-Xaver Kaufmann spricht im Zusammenhang der „Ausdifferenzierung verschiedener Einzelpolitiken"[122] von einer „Sozialpolitik erster Ordnung"[123].

Ein weiterer Grundzug der sich vollziehenden Entwicklung lässt sich im Wandel von einer anfänglichen *Rechte- und Einkommensstrategie* hin zu einer *dienstleistungsorientierten Strategie* feststellen. Beispiele dafür sind die im Laufe der Zeit stärker in den Fokus genommenen Bereiche der Beratung, Betreuung, Behandlung und Pflege.

In der heutigen Zeit sieht sich die Sozialpolitik vor neue Probleme gestellt, der in den ersten Jahrzehnten nach Bismarcks begonnener Sozialreform vorangetriebene Ausbau des Sozialsystems hat sich in eine Reformierung und einen stark an ökonomischen Gesichtspunkten orientierten Umbau des Sozialstaates gewandelt. Franz-Xaver Kaufmann spricht in diesem Zusammenhang von einer „Sozialpolitik zweiter Ordnung"[124]. Aktuelle Herausforderungen wie der demographische Wandel, die vielfältigen veränderten gesellschaftlichen Bedingungen, sowie finanzielle Engpässe bewirken eine Veränderung der Rahmenbedingungen und machen eine weitergehende Reformierung und Reduzierung der Leistungen notwendig. Im Zuge dieser Entwick-

---

[122] Siehe: Kaufmann (1993), S. 1000
[123] Siehe: Kaufmann (1993), S. 1000
[124] Siehe: Kaufmann (1993), S. 1000

lungen ändert sich auch das Gefüge, in dem Stiftungen agieren und agieren können. In Zeiten eines überlasteten Sozialstaates nimmt ihre Bedeutung zu, sie leisten in Deutschland einen wichtigen Beitrag zu einem funktionierenden Sozialsystem. Wie in Kapitel 3 dargelegt, ist die Zahl an Stiftungen, und damit auch an Sozialstiftungen, in den letzten Jahren rasant gestiegen. Das Verhältnis zwischen Staat und Stiftungen soll in Kapitel 5 detailliert untersucht werden.

4.4) Das soziale Sicherungssystem Deutschlands

„Die Bundesrepublik Deutschland ist ein demokratischer und sozialer Bundesstaat"[125], dies ist in Artikel 20 des deutschen Grundgesetzes, der so genannten „Sozialstaatsklausel", festgelegt. Zudem ergänzt Artikel 28, dass „die verfassungsgemäße Ordnung in den Ländern [...] den Grundsätzen des republikanischen, demokratischen und sozialen Rechtsstaates im Sinne dieses Grundgesetzes entsprechen"[126] muss. Das Adjektiv „sozial" ist hierbei von ausschlaggebender Bedeutung, durch dieses Wort begründet sich der verfassungsrechtliche Ausgangspunkt des Sozialsystems, wie es sich in Deutschland heute darstellt. Der Sozialstaatsgrundsatz sieht jedoch an sich keine spezifische Sozialverfassung vor, die Bestimmung von Inhalten und Zielen obliegt dem Gesetzgeber und der Rechtssprechung.

Der deutsche Sozialstaat wird, wie oben schon angedeutet, als *konservatives Sozialstaatsregime klassifiziert*. Sein soziales Sicherungssystem kann auf verschiedene Arten dargestellt und analysiert werden. In einem klassischen Überblick kann er als ein triadisches Gefüge aus drei Säulen gesehen werden, der *Sozialversicherung*, der

---

[125] Siehe: Grundgesetz für die Bundesrepublik Deutschland (1949), Art. 20
[126] Siehe: Grundgesetz für die Bundesrepublik Deutschland (1949), Art. 28

Versorgung und der *Fürsorge*.[127] Kernstück des deutschen Systems ist die beitragsfinanzierte Sozialversicherung, sie ist grundsätzlich auf Arbeiter und Angestellte ausgerichtet und wird paritätisch von Arbeitgebern und Arbeitnehmern finanziert. Aufgabe der Sozialversicherung ist es, „in existentiellen Risikosituationen den Lebensstandard des Versicherten und seine Stellung im Rahmen der Gesellschaft zu erhalten"[128]. Sie setzt sich aus fünf Sparten zusammen, der *gesetzlichen Krankenversicherung*, der *gesetzlichen Unfallversicherung*, der *gesetzlichen Rentenversicherung*, der *gesetzlichen Arbeitslosenversicherung* und der *gesetzlichen Pflegeversicherung*.

Die steuerfinanzierte Versorgung sieht Leistungen für Beamte, Richter, Soldaten und darüber hinaus Kriegsgeschädigte, Wehrpflichtige, Zivildienstleistende, Impfgeschädigte und Opfer von Gewalttaten vor. Die Fürsorge dient der Unterstützung von Menschen in besonderen Lebenslagen.

4.5) Herausforderungen des Sozialstaates

Der deutsche Sozialstaat befindet sich, ähnlich wie andere vergleichbare europäische Sozialsysteme, seit einigen Jahren in einer schwierigen Phase. Wie in Kapitel 4.3.2 angeschnitten, ist nach vielen Dekaden des Ausbaus des staatlichen sozialen Sicherungssystems heute der Reformdruck so groß, dass dringender denn je Maßnahmen und Umstrukturierungen gefragt sind, die eine dauerhafte Finanzierbarkeit gewährleisten.

Franz-Xaver Kaufmann, Soziologe und emeritierter Professor der Universität Bielefeld, hat mit seinem Werk „Herausforderungen des

---
[127] Vgl.: Sesselmeier in: Landeszentrale für polit. Bildung (2003), S. 218
[128] Siehe: http://www.deutsche-sozialversicherung.de, Grundprinzipien

Sozialstaates"[129] 1997 eine der treffendsten Analysen zur Krise und den damit verbundenen Herausforderungen des deutschen Sozialstaates veröffentlicht, die noch heute große Gültigkeit hat. Er sieht darin rückblickend die wohlfahrtsstaatliche Gesamtentwicklung insgesamt als einen „historischen Erfolg"[130], eindeutig stellt er den „Vorteil des wohlfahrtsstaatlichen Arrangements"[131] heraus. In seiner Problemanalyse diagnostiziert er jedoch seit etwa den 80er Jahren eine sich zuspitzende Krise, entscheidend ist für ihn dabei die Tatsache, „daß die Ursachen der gegenwärtigen Krise heterogener Art sind"[132]. Er sieht ein Zusammenspiel von fünf Herausforderungen, die nicht getrennt von einander gesehen werden dürfen, sie bilden die zentralen Ursachen für die Krise des Sozialstaates.

Die *demographische Herausforderung* beschreibt Kaufmann anhand des Geburtenrückgangs, des demographischen Alterns der Bevölkerung und der Einwanderungsthematik. Er rechnet vor, welch starke und kontinuierliche Zuwanderung von Nöten wäre, um das Verhältnis zwischen Erwerbspersonen und Rentnern auf Dauer im Gleichgewicht halten zu können.[133] Ferner führt er an, dass der Nachwuchs heute „zu einer Art Kollektivgut"[134] geworden sei, Kinder würden zwar dringender denn je gebraucht, für Familien gäbe es jedoch diesbezüglich keine ausreichenden ökonomischen Anreize.

Die *ökonomische Herausforderung* macht Kaufmann zum Einen an der tendenziellen Entkoppelung von Gewinnchancen und Beschäftigungsniveau fest und zum Anderen an der Beschäftigung suboptimaler Arbeitskräfte.[135] Die Finanzierung des Sozialsektors hängt von

---

[129] Siehe: Kaufmann (1997)
[130] Siehe: Kaufmann (1997), S. 31
[131] Siehe: Kaufmann (1997), S. 46
[132] Siehe: Kaufmann (1997), S. 162
[133] Vgl.: Kaufmann (1997), S. 73 f.
[134] Siehe: Kaufmann (1997), S. 79
[135] Vgl.: Kaufmann (1997), S. 83 f.

Produktivität, Wachstum und damit der Ergiebigkeit des Wirtschaftssystems ab. Der Zusammenhang zwischen Wirtschaftswachstum und Vollbeschäftigung habe sich gelockert, dies macht Beschäftigungseffekte, also ein Mehr an Beschäftigung, zunehmend von hohen Wachstumsraten abhängig.[136]

Die *soziale Herausforderung* steht nach Ansicht des Autors im unmittelbaren Zusammenhang mit der sozialpolitischen Entdeckung des informellen Sektors. Von zentraler Bedeutung ist die familiale Wohlfahrtsproduktion, also „soziale" Leistungen, die Familienmitglieder füreinander erbringen, hier sei eine fallende Tendenz erkennbar.[137] In diesem Zusammenhang wird der Aspekt „Staat und moralische Ökonomie"[138] beleuchtet, wobei mit Zweiterem ein auf Gegenseitigkeit beruhender Tauschprozess von gesellschaftlichem Engagement und Wertschätzung gemeint ist.

Die *internationale Herausforderung* wird als viertes genannt. Als wesentlich kristallisiert Kaufmann hier die Relativierung nationaler Wohlfahrtsstaatlichkeit, die Internationalisierung der Wirtschaft und Globalisierung der Finanzmärkte, sowie die Folgen des europäischen Integrationsprozesses heraus.[139] Der Nationalstaat verliert als bislang dominantes Aktionsfeld der Sozialpolitik dadurch an Einfluss.

Schließlich nennt Kaufmann die *kulturelle Herausforderung*. Sie resultiert aus der Tatsache, dass sich das überkommene nationale Konzept des Sozialstaates als eines abgegrenzten territorialen Gestaltungsraums aufgrund der Transnationalisierung der nationalen Politik zunehmend auflöst. Damit geht die, innerhalb dieses Rahmens bestehende, verallgemeinerte Gegenseitigkeit als Grundlage gesamtgesellschaftlicher Solidarität verloren und die Überzeugungskraft des

---

[136] Vgl.: Kaufmann (1997), S. 85 f.
[137] Vgl.: Kaufmann (1997), S. 106 ff.
[138] Siehe: Kaufmann (1997), S. 106 f.
[139] Vgl.: Kaufmann (1997), S. 114 ff.

sozialen Konsenses wird gemindert.[140]

Übergreifend diagnostiziert Kaufmann, dass einige Probleme des Sozialstaates „hausgemacht sind, d. h. als Folgen der wohlfahrtsstaatlichen Entwicklung selbst zu interpretieren sind"[141]. Dies zeigt sich in Deutschland insbesondere im Zusammenhang mit dem so genannten Generationenvertrag und am Arbeitsmarkt. Eine Verschärfung des unausweichlichen und grundlegenden Verteilungskonfliktes wird nämlich dadurch hervorgerufen, dass ein ungünstiges Verhältnis zwischen denen, die den Wohlfahrtsstaat finanzieren und denen, die vom ihm profitieren, geschaffen wird. „Die Hektik der gegenwärtigen sozialpolitischen Debatten sollte nicht darüber hinwegtäuschen, daß es um mehr als die Behebung einer kurzfristigen Krise geht, daß vielmehr tiefgreifende Neuorientierungen anstehen."[142]

---

[140] Vgl.: Kaufmann (1997), S. 141 ff.
[141] Siehe: Kaufmann (1997), S. 67
[142] Siehe: Kaufmann (1997), S. 191 f.

5) SOZIALSTIFTUNGEN IN NÄHE UND DISTANZ ZUM DEUTSCHEN SOZIALSTAAT: Eine Analyse von drei Stiftungen

5.1) Auswahl der drei Stiftungen

Wie in Kapitel 2 beschrieben wird die Stichprobe der Stiftungen aus einem Verzeichnis des Bundesverbandes Deutscher Stiftungen gezogen, in dem alle ihm bekannten Stiftungen mit sozialen Zwecken in Baden-Württemberg geführt werden. Insgesamt sind das 890 Stiftungen. 133 dieser 890 Stiftungen wünschen Anonymität, somit bleiben 757 Stiftungen als Grundlage für die Zufallsauswahl. Ausgewählt werden wie beschrieben nur Stiftungen, die folgende drei Kriterien erfüllen:

1) Rechtsform: Rechtsfähige Stiftung des bürgerlichen Rechts
2) Sozialstiftung: Die Stiftung muss sich als Sozialstiftung kategorisieren lassen. Dies ist gegeben, wenn die Stiftung sich entweder ausschließlich sozialen Zwecken widmet oder aber zumindest ein Großteil ihrer Arbeit diesem Bereich zuzuordnen ist. Eine Mischform, in der nur ein kleiner Anteil des Engagements „sozial" ist, gilt nach dem dieser Arbeit zu Grunde liegenden Verständnis nicht als Sozialstiftung.
3) Internetauftritt: Ein Internetauftritt muss vorhanden sein, darüber hinaus muss er informativ in einem Maße sein, das erlaubt, die Stiftung nach der genannten Fragestellung hinreichend zu analysieren.

Von der Stiftung Liebenau, die schon im Vorfeld für die Untersuchung ausgewählt wurde, als Startpunkt ausgehend, wird das Verzeichnis in

250er Schritten nach Stiftungen, die den genannten drei Kriterien entsprechen, systematisch abgesucht. Die Stiftung Liebenau ist auf Position 14, auf Position 264 (14 + 250) befindet sich die *Porsche Stiftung*, sie führt jedoch keine eigene Homepage und erfüllt somit nicht die geforderten Kriterien. Erneute 250 Schritte weiter, also auf Position 514 des Verzeichnisses, befindet sich die *Bürgerstiftung Wiesloch*. Sie erfüllt alle genannten Kriterien und wird somit ausgewählt. Erneute 250 Schritte weiter, also auf Position 764 des Verzeichnisses, befindet sich die *Graf von Pückler und Limpurg'sche Wohltätigkeitsstiftung*. Sie erfüllt ebenfalls alle Kriterien und kann somit für die Analyse herangezogen werden. Damit sind die beiden auszuwählenden Stiftungen gefunden, gemeinsam mit der Stiftung Liebenau bilden sie die Untersuchungseinheiten für die nachfolgende Analyse.

5.2) Vorstellung der ausgewählten Stiftungen

STIFTUNG LIEBENAU

Internetauftritt	http://www.stiftung-liebenau.de
Anschrift	Siggenweiler Str. 11 88074 Meckenbeuren-Liebenau
Errichtung	1873
Rechtsform	Rechtsfähige kirchliche Stiftung des

	bürgerlichen Rechts
Verwirklichung	Operativ[143]

Die Stiftung Liebenau ist ein aus christlicher Motivation heraus entstandenes, unabhängiges Sozial- und Bildungsunternehmen. Die kirchliche Stiftung des bürgerlichen Rechts und ihre seit 1995 gegründeten Tochtergesellschaften sowie diverse Beteiligungsfirmen dienen gemeinnützigen und mildtätigen Zwecken, die Schwerpunkte der Tätigkeit liegen in den Bereichen Alten- und Behindertenhilfe sowie der Bildungsarbeit. Rund 4800 Mitarbeiterinnen und Mitarbeiter unterstützen, begleiten, betreuen, pflegen und erziehen pro Jahr tausende Menschen an mehr als 80 Standorten in Baden-Württemberg, Bayern, Sachsen, Österreich, Schweiz und Bulgarien. Zentraler Standort der Stiftung ist der zu Meckenbeuren gehörende Ortsteil Liebenau, der nicht weit von Ravensburg entfernt liegt.

Die Stiftung Liebenau arbeitet seit ihrer Gründung auf kirchlich-katholischer Grundlage. Um ihre Vorhaben nachhaltig zu verwirklichen, wirkt die Stiftung Liebenau aktiv mit an den politischen Rahmenbedingungen sozialer Arbeit und fordert gesellschaftliche Solidarität ein. Die Stiftung Liebenau ist darüber hinaus in zahlreichen Netzwerken und Unternehmensverbünden im In- und Ausland aktiv. In der Region Südwürttemberg ist die Stiftung Liebenau nach eigenen Angaben einer der wichtigsten Anbieter sozialer Dienstleistungen und stellt einen wichtigen Baustein im Wirtschaftskreislauf dar.[144]

---

[143] Vgl.: Bundesverband Deutscher Stiftungen (2008-B), Stiftung Liebenau
[144] Vgl.: Homepage der Stiftung Liebenau

BÜRGERSTIFTUNG WIESLOCH

Internetauftritt	http://www.buergerstiftung-wiesloch.de/
Anschrift	c/o Frau Dr. Brigitta Martens-Aly Ravensburgerstraße 16 69168 Wiesloch
Errichtung	2006
Rechtsform	Rechtsfähige Stiftung des bürgerlichen Rechts
Verwirklichung	Fördernd[145]

Die Bürgerstiftung Wiesloch ist eine gemeinnützige, überkonfessionelle und überparteiliche Einrichtung von Bürgerinnen und Bürgern für die Menschen in der Stadt Wiesloch. Sie macht es sich zur Aufgabe bürgerschaftliches Engagement auszulösen und zu unterstützen. Die Stiftung dient dem Gemeinwohl, stärkt den sozialen Zusammenhalt, fördert Chancengleichheit und das Bewusstsein für ökologische Zusammenhänge. Das Wirken der Stiftung orientiert sich am Leitbild der Nachhaltigkeit, also einer in sozialer, ökologischer und ökonomischer Hinsicht zukunftsfähigen Entwicklung. Die Stiftung ermöglicht und fördert das Einbringen materieller und immaterieller Beiträge der Wieslocher Bürgerschaft in den Prozess einer gemeinwohlorientierten und nachhaltigen Stadtentwicklung.

Zweck der Bürgerstiftung Wiesloch ist die Förderung von Maßnahmen, die der Chancengleichheit, dem sozialen Frieden, dem Miteinander der

---

[145] Vgl.: Bundesverband Deutscher Stiftungen (2008-B), Bürgerstiftung Wiesloch

Kulturen und Generationen und einer nachhaltigen Stadtentwicklung dienen, insbesondere in den Bereichen der Jugend-, Familien- und Altenhilfe, der Erziehung und Bildung und des Natur- und Umweltschutzes. Weiterer Zweck ist die Unterstützung von finanziell bedürftigen Personen und Familien. Um die Stiftungszwecke umzusetzen, werden eigene Projekte initiiert und durchgeführt, Projekte anderer Personen oder Institutionen gefördert und Menschen in Notlagen direkt oder über bewährte Organisationen unterstützt.[146]

GRAF VON PÜCKLER UND LIMPURG'SCHE WOHLTÄTIGKEITSSTIFTUNG

GRAF VON PÜCKLER UND LIMPURG´SCHE WOHLTÄTIGKEITSSTIFTUNG

Internetauftritt	http://www.graf-pueckler.de/
Anschrift	Stiftungsverwaltung Graf-Pückler-Straße 19 74405 Gaildorf
Errichtung	1950
Rechtsform	Rechtsfähige kirchliche Stiftung des bürgerlichen Rechts
Verwirklichung	Fördernd und operativ[147]

Die Graf von Pückler und Limpurg'sche Wohltätigkeitsstiftung wurde im Dezember 1950 durch den Grafen Gottfried von Pückler und Limpurg und dessen Ehefrau Adele, Prinzessin zu Hohenlohe-Ingelfingen,

---
[146] Vgl.: Homepage der Bürgerstiftung Wiesloch, http://buergerstiftung-wiesloch.de/die-projekte/
[147] Vgl.: Bundesverband Deutscher Stiftungen (2008-B), Graf v. Pückler u. L. Wohltätigkeitsstiftung

gegründet.

Das gesamte Vermögen des Grafen wurde nach dessen Tode im Jahr 1957 der Stiftung vermacht. Heute beträgt das eingebrachte Stiftungskapital 9,2 Millionen Euro.[148] Seit über 50 Jahren unterstützt die Stiftung diakonische und kirchliche Institutionen und Projekte in Baden-Württemberg im Sinne des Stiftungszwecks. In ihrem Stammort Gaildorf ist das bedeutendste Projekt aus der Stiftung hervorgegangen. Durch die Gründung des Graf-Pückler-Heim e.V. und der maßgeblichen Unterstützung beim Bau und Unterhalt seiner Einrichtungen entstand mitten in der Stadt ein Zentrum für die Unterkunft, Betreuung und Pflege alter Menschen. Das Heim untergliedert sich in drei separate Bereiche, dem Gräfin-Adele-Haus, dem Graf-Gottfried-Stift und dem Pflegestift.

Ein Schwerpunkt des Stiftungsvermögens ist der rund 1.500 Hektar große Forstbetrieb, dessen Waldungen links und rechts des Kochers in den Höhen der Limpurger Berge liegen. Im Eigentum der Stiftung befinden sich darüber hinaus die Gruftkapelle der Grafen Pückler und das Familienarchiv im Schloss Burgfarrnbach.[149]

5.3) *Dimensionen zur Analyse der Nähe oder Distanz der Stiftungen zum Sozialstaat*

Um die zentrale Fragestellung nach Nähe und Distanz der Sozialstiftungen zum deutschen Sozialstaat angemessen beantworten zu können, muss ein Verfahren gefunden werden, durch das diese „Positionen" der Stiftungen zum deutschen Sozialstaat beobachtbar und damit analysierbar gemacht werden können. Da sich die Nähe

---

[148] Vgl.: Homepage der Graf v. Pückler u. L. Wohltätigkeitsstiftung, http://www.graf-pueckler.de/html/stiftung_forstbetrieb/der_auftrag.html
[149] Vgl.: Homepage der Graf von Pückler und Limpurg'sche Wohltätigkeitsstiftung

oder Distanz einer Stiftung zum deutschen Sozialstaat nicht direkt empirisch beobachten lässt, müssen aussagekräftige Indikatoren herangezogen werden, durch die sich diese jeweiligen stiftungsspezifischen Positionen bestimmen lassen.

Die Stiftungen werden auf Grundlage ihres Internetauftritts analysiert, dies erfordert eine Ausrichtung der Indikatoren auf diese Herangehensweise. Ziel der Untersuchung ist es, jeder der drei Stiftungen eine Position zuschreiben zu können, die sich zwischen den beiden Polen „Distanz zum deutschen Sozialstaat" und „Nähe zum deutschen Sozialstaat" einordnen lässt. Im Rahmen der Operationalisierung der Begriffe „Nähe zum Sozialstaat" und „Distanz zum Sozialstaat" werden Dimensionen und damit verbundene Indikatoren zu Grunde gelegt. Die genannten Indikatoren sind jeweils in Reinform beschrieben. Es ist zu erwarten, dass sich diese im Rahmen der Untersuchung nicht immer so eindeutig darstellen wie dargelegt.

Um die Auswertung greifbar zu machen, wird für jede Stiftung in jeder Dimension eine Punktzahl verteilt, die sich nach der folgenden Skala richtet:

Punktezahl	Position der Stiftung zum Sozialstaat
6	Deutliche **Distanz**
5	Gewisse **Distanz**
4	Geringfügig ausgeprägte **Distanz**
3	Neutrale Position
2	Geringfügig ausgeprägte **Nähe**
1	Gewisse **Nähe**
0	Deutliche **Nähe**

Alle Zwischenstufen in 0,5er Schritten sind möglich. Jede Stiftung erhält somit pro Dimension eine Punktzahl, diese addieren sich zu einer Gesamtpunktzahl. Von dieser Gesamtpunktzahl wird schließlich der Mittelwert gebildet, somit sind die drei Stiftungen anhand eines Wertes vergleichbar.

Mir ist bewusst, dass bei der Punktevergabe keine absolut objektiven Kriterien zu Grunde liegen. Dies ist bei dieser Analysemethode jenseits des Möglichen, die Bewertungen erfolgen auf Grundlage der auszuwertenden Daten. Mein Bestreben ist es, dies jeweils so transparent und präzise wie möglich darzulegen, an eindeutigen Kriterien und Indikatoren festzumachen und damit nachvollziehbar zu analysieren.

Zur Analyse habe ich folgende Dimensionen und damit verbundene Indikatoren zu Grunde gelegt:

NR	INDIKATOR	BESCHREIBUNG
1	**Eingebundenheit in staatliche Programme**	Engagieren sich Stiftungen in staatlichen Programmen oder werden sie durch staatliche Programme gefördert? Gibt es, wenn dies der Fall sein sollte, eine direkte Verlinkung des Programms auf der Stiftungs-Homepage oder andere derartige Hinwiese? Indikator für Nähe: *Die Stiftung beteiligt sich an staatlichen Förderprogrammen oder wird durch diese gefördert. Die Stiftungs-Homepage ist darüber hinaus direkt verlinkt mit der Homepage des Förderprogramms. Direkte Verlinkungen können für Stiftungen jedoch Pflicht sein, dies muss im Einzelfall beurteilt werden.* Indikator für Distanz: *Die Stiftung ist nicht an staatlichen För-*

		derprogrammen beteiligt. *Die Stiftung distanziert sich darüber hinaus von staatlichen Förderprogrammen und betont in diesem Zusammenhang ihre Eigenständigkeit und Unabhängigkeit.*
2	**Finanzierung**	Wie wird die Stiftung finanziert? Fließen staatliche Gelder in die Stiftung, wie etwa Fördermittel aus öffentlichen Kassen oder Pflegesätze, oder ist die Stiftung finanziell komplett unabhängig vom Staat und finanziert sich ausschließlich über andere Wege? Indikator für Nähe: *Es fließen staatliche Gelder in die Stiftung.* Indikator für Distanz: *Es fließen keine staatlichen Gelder in die Stiftung, die Stiftung finanziert sich vollständig unabhängig von der staatlichen Seite.*
3	**Bündnispartner, Kooperationen, strategische Partnerschaften**	Gibt es staatliche Bündnispartner der Stiftung oder ist dies nicht der Fall? Kooperiert die Stiftung mit Akteuren, die der öffentlichen Seite zuzuordnen sind oder geht sie sogar längerfristige strategische Partnerschaften ein? Indikator für Nähe: *Die Stiftung hat staatliche Bündnispartner oder kooperiert mit staatlichen Akteuren.* Indikator für Distanz: *Die Stiftung geht keine Kooperationen mit staatlichen Akteuren ein, dafür pflegt sie eine Zusammenarbeit mit nichtstaatlichen Partnern.*
4	**Organisatorische oder personale**	Gibt es eine organisatorische oder eine personale Verflechtung der Stiftung mit dem Staat beziehungsweise staatlichen

	Verflechtung mit dem Staat	Vertretern? _Indikator für Nähe:_ _Es ist eine organisatorische oder personale Verflechtung mit staatlichen Akteuren vorhanden. Dies kann sich z.B. durch die Regelung manifestieren, dass der Bürgermeister, ein Vertreter der Verwaltungsspitze oder ein Gemeinderat der Stadt dauerhaft in einem Gremium der Stiftung vertreten sein muss._ _Indikator für Distanz:_ _Es ist keine organisatorische oder personale Verflechtung mit staatlichen Akteuren vorhanden._
5	**Programmatische Aussagen zur Leistungsfähigkeit des Sozialstaates**	Gibt es programmatische Aussagen zur Leistungsfähigkeit des Sozialstaates, wie beispielsweise „Sozialstaat in der Krise – Stiftungen gefordert!"? Wie wird darüber hinaus der Sozialstaat qualifiziert? _Indikator für Nähe:_ _Es werden programmatische Aussagen zur Leistungsfähigkeit des Sozialstaates gemacht. Darin wird die Bereitschaft der Stiftung deutlich ihren Teil zu einem funktionierenden Wohlfahrtswesen beizutragen, sie sieht sich diesbezüglich in der Verantwortung. Der Sozialstaat wird mit positiven Konnotationen qualifiziert._ _Indikator für Distanz:_ _In programmatischen Aussagen wird deutlich, dass die Stiftung im Zuge einer Reduzierung des Sozialstaates nicht als Lückenbüßer für fehlende staatliche Leistungen einspringen möchte. Die Stiftung qualifiziert den Sozialstaat mit negativen Begriffen._
6	**Programmatische**	Gibt es programmatische Aussagen der Stiftung zur Bedeutung zivilgesellschaft-

	Aussagen zur Bedeutung zivilgesellschaftlicher Ansätze oder Programme	licher Ansätze oder Programme? Welche Bedeutung misst die Stiftung der Zivilgesellschaft bei und in welcher Verantwortung sieht sie diese? Indikator für Nähe: *Die Stiftung macht deutlich, dass sie die Zivilgesellschaft insgesamt und damit zivilgesellschaftliche Akteure wie Vereine, Verbände, Stiftungen oder den Bürger selbst im Zuge der Reduzierung des überlasteten Sozialstaates in der Pflicht sieht, zu einem funktionierenden sozialen System beizutragen. Damit kann und soll der Sozialstaat „entlastet" werden.* Indikator für Distanz: *Die Stiftung macht deutlich, dass sie die Verantwortung der Zivilgesellschaft unabhängig von (temporären) sozialpolitischen Entwicklungen sieht und zivilgesellschaftliche Akteure dem Staat gegenüber ihrer Meinung nach nicht verpflichtet sind, als „Lückenbüßer" in einem reduzierten Sozialstaat einzuspringen.*
7	Aussagen über die Bedeutung des Marktes für die Stiftung	Die Stiftung äußert sich über die Bedeutung des Marktes für ihr Bestehen, ihre Finanzierung und ihre Tätigkeit insgesamt. Indikator für Nähe: *Der Markt ist für die Stiftung nicht oder nur von geringerer Bedeutung, sie sieht ihn nicht als DIE Alternative zum Staat. Entweder sowohl der Markt als auch der Staat oder sogar hauptsächlich die staatliche Seite ist für die Stiftung von Relevanz.* Indikator für Distanz: *Der Markt ist für die Stiftung von großer*

		Bedeutung. Es wird ersichtlich, dass sie ihn als die für sie vorzuziehende Alternative zum Staat sieht.
8	**Sonstiges**	Gibt es sonstige Hinweise auf der Homepage, die sich keiner der Dimensionen zuordnen lassen? Indikator: *Dies muss im Einzelnen bewertet werden.*

Mit der Auswahl der Dimensionen wird kein Anspruch auf Vollständigkeit erhoben. Im Zuge der Analyse beschränke ich mich auf die genannten Dimensionen, sie erschienen mir im Gegensatz zu einigen anderen möglichen Dimensionen, die ich zwar durchdacht jedoch nicht mit in diese Arbeit aufgenommen habe, als greifbar und zielführend im Rahmen der spezifischen Fragestellung. Von Bedeutung für diese Auswahl war auch die Tatsache, dass ich die Stiftungen anhand ihres Internetauftritts analysiere und diese Datengrundlage nicht zu allen Fragen Informationen bereitstellt. Es macht keinen Sinn eine Dimension aufzuführen, die bei keiner der drei Stiftungen auf Grund mangelnder Forschungsdaten untersucht werden kann. In Erwägung gezogen wurde auch eine Gewichtung der einzelnen Dimensionen. Dies wäre eine mögliche Verfeinerung der Analyse, wurde jedoch nicht berücksichtigt, da es den Rahmen dieser Arbeit sprengen würde.

5.4) Dimensionale Analyse der Stiftungen

Im Folgenden werden die Stiftungen der Reihe nach entlang der zu Grunde gelegten Fragestellung untersucht. Dabei wird Dimension für Dimension systematisch abgearbeitet und jeweils eine Punktzahl vergeben, die sich an der in Kapitel 5.3 aufgestellten Skala orientiert.

5.4.1) STIFTUNG LIEBENAU

1) Eingebundenheit in staatliche Programme

Drei Einrichtungen nach dem Konzept „Lebensräume für Jung und Alt" der Stiftung Liebenau wurden aufgenommen in das *Aktionsprogramm Mehrgenerationenhäuser*.[150] Dabei handelt es sich um ein Bundesförderprogramm des Ministeriums für Familie, Senioren, Frauen und Jugend, das durch Förderung generationsübergreifender Angebote den gesellschaftlichen Herausforderungen unserer Zeit begegnen möchte. Während die beiden Ravensburger Häuser „Gänsbühl" und „Weinbergstrasse" schon in der ersten Bewerbungsphase im Jahr 2007 aufgenommen wurden,[151] kam die Einrichtung in Veringenstadt erst im Juni 2008 hinzu.[152] Jede Aufnahme in das Aktionsprogramm ist an eine ausführliche Bewerbung geknüpft und somit freiwillig. Die geförderten Einrichtungen erhalten über fünf Jahre hinweg jährlich 40.000 Euro, dazu kommt eine Vielzahl weiterer Leistungen im Rahmen einer nichtfinanziellen Förderung. Die Stiftung Liebenau hat 2007 in ihrer Funktion als Mehrgenerationenhaus zusätzlich freiwillig die Aufgabe eines Moderationshauses übernommen.[153] Dies ist für die Vernetzung verschiedener Mehrgenerationenhäuser eines Kreises zuständig und steht in regelmäßigem Austausch mit den Verantwortlichen des Bun-

---

[150] Vgl.: Homepage der Stiftung Liebenau, http://www.stiftung-liebenau.de/aktuell/medieninformationen/mediendetails/news/1342/return/789/index.html
[151] Vgl.: Homepage der Stiftung Liebenau, http://www.stiftung-liebenau.de/aktuell/medieninformationen/mediendetails/news/396/return/789/index.html?tx_ttnews[pointer]=9&cHash=282a855c55
[152] Vgl.: Homepage der Stiftung Liebenau, http://www.stiftung-liebenau.de/aktuell/medieninformationen/mediendetails/news/1342/return/789/index.html
[153] Vgl.: Stiftung Liebenau (2007), S. 14

desministeriums.[154]

Des Weiteren ließ sich herausfinden, dass, ebenfalls im Bereich der Altenhilfe, die praktische Arbeit von Pflegebegleitern durch Gelder aus dem *generationsübergreifenden Freiwilligenprogramm*, kurz *GüF*, finanziert wird.[155] Dieses Programm wird ebenfalls vom Bundesministerium für Familie, Senioren, Frauen und Jugend unterhalten.

Teil der Stiftung Liebenau ist die Tochtergesellschaft Berufsbildungswerk Adolf Aich gGmbH,[156] dieses bietet ein breites Spektrum differenzierter Ausbildungs- und Qualifizierungsangebote für Jugendliche und junge Erwachsene. Es hat zwei Standorte, einen in Ravensburg und einen in Ulm. Auch hier ist man in ein staatliches Förderprogramm integriert, nämlich das „Benachteiligtenförderprogramm der Bundesregierung"[157], das zusammen mit der Agentur für Arbeit umgesetzt wird.

Fazit:

Die Stiftung Liebenau ist wie dargelegt in verschiedene staatliche Förderprogramme involviert, z.B. im Bereich Altenhilfe und Bildung. Diese Tatsache ist als Indiz für einen übergreifenden Zuspruch zu diesen Förderprogrammen zu werten, muss jedoch auch mit dem Wissen beurteilt werden, dass diese Stiftung enorm groß und vielschichtig ist. Die Anzahl der Beteiligungen an staatlichen Förderprogrammen muss relativ zu ihrer Größe betrachtet werden. Der Stiftung kann eine gewisse Nähe zur staatlichen Seite zugeschrieben werden.

---

[154] Vgl.: Homepage „Aktionsprogramms Mehrgenerationenhäuser",
http://www.mehrgenerationenhaeuser.de/coremedia/generator/mgh/de/__Downloads/Moderationsha
pdf
[155] Vgl.: Homepage der St. Anna-Hilfe (Tochtergesellschaft der Stiftung Liebenau), http://www.anna
hilfe.de/foerderprojekte/pflegebegleiter/index.html
[156] *Das Berufsbildungswerk Adolf Aich hat den Internetauftritt:* http://www.bbw-rv.de/
[157] Siehe: Homepage der Stiftung Liebenau, http://www.stiftung-
liebenau.de/aktuell/medieninformationen/mediendetails/news/1053/return/789/index.html

Punktevergabe: 1,0

2) Finanzierung

Die Finanzierung der Stiftung Liebenau sowie jeder anderen Stiftung ist erwartungsgemäß schwer zu analysieren, da Transparenz in diesem Sinne nur bedingt gegeben ist. Der Anteil staatlicher Gelder scheint jedoch insgesamt gering. Im Rahmen der Präsentation des Jahresberichtes 2007 ist von sich „verschlechternden Rahmenbedingungen"[158] die Rede, die einen Rückgang oder eine Streichung „öffentlicher Investitionszuschüsse"[159] bewirken. Dies lässt jedoch keine fundierte Deutung des Finanzhaushaltes der Stiftung zu. Stiftungen des bürgerlichen Rechts wie die Stiftung Liebenau sind generell in finanzieller Hinsicht vom Staat eher unabhängige Akteure. Von Bedeutung sind die Gelder, die über die in Dimension 1 aufgeführten Bundesprogramme in die Kassen der Stiftung fließen. Auch Gelder des Europäischen Sozialfonds fließen in Projekte der Stiftung, nach meinen Recherchen in das Berufsbildungswerk Adolf Aich der Stiftung. Dies ist dem Jahresbericht 2007 der Stiftung Liebenau zu entnehmen.[160] Der Europäische Sozialfonds (ESF)[161] ist das wichtigste Finanzinstrument der Europäischen Union zur Investition in Menschen, zwar auf europäischer Ebene angesiedelt, aber doch Ausdruck einer staatlichen Förderung.

---

[158] Siehe: Homepage der Stiftung Liebenau, http://www.stiftung-liebenau.de/aktuell/medieninformationen/mediendetails/news/323/return/789/index.html
[159] Siehe: Homepage der Stiftung Liebenau, http://www.stiftung-liebenau.de/aktuell/medieninformationen/mediendetails/news/323/return/789/index.html
[160] Siehe: Stiftung Liebenau (2008), S. 57
[161] *Der Internetauftritt des ESF für Deutschland: http://www.esf.de/portal/generator/8/startseite.html*

Fazit:

Eine fundierte Aussage über den Anteil staatlicher Gelder in der Stiftung Liebenau zu machen, ist auf Grundlage der Informationen des Internetauftritts schwierig. Die Bezuschussung durch staatliche Förderprogramme und den Europäischen Sozialfonds lassen zumindest erkennen, dass öffentliche Gelder in die Stiftung fließen und somit eine geringfügig ausgeprägte Nähe zur staatlichen Seite gegeben ist. Auf Grund der insgesamt wenig aussagkräftigen Informationen fällt die Bewertung zurückhaltend aus.

Punktevergabe: 2,5

3) Bündnispartner, Kooperationen, strategische Partnerschaften

Die Stiftung Liebenau setzt nach eigenen Angaben stark auf Bündnispartner. In ihrer Unternehmensphilosophie schildert sie sich als „Partner der Menschen in der Region, der Kirchengemeinden, der Kommunen, der Sozialhilfe- und Versicherungsträger, der Verbände und Selbsthilfegruppen, von Regierung und Politikern, die nach Lösungen für dringliche soziale Probleme suchen"[162]. Die enge Zusammenarbeit mit verschiedenen Partnern sowohl aus dem staatlichen wie auch aus dem privaten Bereich lässt sich gut aufzeigen, insbesondere die Eingebundenheit in verschiedene Netzwerke. So ist die Stiftung Liebenau Teil des Netzwerkes SONG, ausgeschrieben bedeutet dies „Netzwerk: Soziales neu gestalten".[163] Dabei handelt es sich um einen Zusammenschluss von verschiedenen Akteuren der

---

[162] Siehe: Homepage der Stiftung Liebenau, http://www.stiftung-liebenau.de/stiftung-liebenau/unternehmensphilosophie/wertesystem/index.html
[163] Vgl.: Homepage der Stiftung Liebenau, http://www.stiftung-liebenau.de/stiftung-liebenau/projekte/projekte-details/index.html?tx_wefaq_pi1[field]=3&no_cache=1&tx_wefaq_pi1[pid]=392&tx_wefaq_pi1[i]=&tx_wefaq_pi1[backpid]=388&tx_wefaq_pi1[catid]=1392

Sozialwirtschaft, nämlich der Bertelsmann Stiftung, der Bank für Sozialwirtschaft AG, der Bremer Heimstiftung, der Caritas Betriebsführungs- und Trägergesellschaft, des Evangelischen Johanneswerks und der Stiftung Liebenau. Ihr gemeinsames Fundament ist ihr Engagement für das Gemeinwohl und der Wille die Zukunft aktiv und gemeinsam zu gestalten. Die Akteure stehen in einem intensiven Austausch miteinander und vertreten in der Öffentlichkeit zu spezifischen sozialen Themen gemeinsame Positionen.[164] Es wurde gemeinsam das Positionspapier „Zukunft Quartier"[165] veröffentlicht.

Als zweites wichtiges Netzwerk ist der Brüsseler Kreis[166] zu nennen, ein Zusammenschluss von großen evangelischen und katholischen Sozialunternehmen aus Deutschland. Er versteht sich als „Nahtstelle zwischen einem entstehenden Europa und einem sich wandelnden Sozialstaat"[167]. Zwei Mitarbeiter der Stiftung Liebenau haben seit einiger Zeit tragende Positionen in diesem Netzwerk inne, Dr. Berthold Broll, Vorstandsvorsitzender der Stiftung Liebenau, ist stellvertretender Sprecher, Karin Birk aus dem Ressort Sozialpolitik leitet das Büro des Brüsseler Kreises.[168] Im September 2007 veranstaltete der Brüsseler Kreis einen parlamentarischen Abend in Brüssel, Veranstaltungen dieser Art haben augenscheinlich den Zweck den Austausch mit politischen Vertretern zu fördern. Vorstandsvorsitzender Dr. Broll bezeichnet im Jahresbericht 2007 der Stiftung den Brüsseler Kreis und das Netzwerk SONG als „unverzichtbar für den politischen Erfolg"[169].

Als weiterer Bündnispartner der Stiftung Liebenau kann die Baden-

---

[164] Vgl.: Stiftung Liebenau (2007), S. 20
[165] *Das Positionspapier „Zukunft Quartier" ist abrufbar unter:* http://www.stiftung-liebenau.de/uploads/media/Positionspapier_Zukunft_Web.pdf
[166] Vgl.: Homepage des Brüsseler Kreises
[167] Siehe: Homepage des Brüsseler Kreises
[168] Siehe: Stiftung Liebenau (2008), S. 16 f.
[169] Siehe: Homepage der Stiftung Liebenau, http://www.stiftung-liebenau.de/aktuell/medieninformationen/mediendetails/news/323/return/789/index.html

Württembergische Samariterstiftung gesehen werden, eine ebenfalls sehr einflussreiche Sozialstiftung. In Kooperation mir ihr wurde das Positionspapier „Bürger-Profi-Mix"[170] veröffentlicht und gemeinsam ein Politikergespräch dazu organisiert.

Neben den genannten nicht-staatlichen Bündnispartnern pflegt die Stiftung Liebenau auch ein kooperatives Verhältnis mit Partnern staatlichen Charakters. So werden Kontakte zu Politikern gesucht und diese längerfristig gepflegt. Auf regelmäßig stattfindenden Fachgesprächen mit Politikern wie Baden-Württembergs Sozialministerin Dr. Monika Stolz, Lothar Wölfle, Landrat des Bodenseekreises oder dem Europaabgeordneten Markus Ferber[171] wurden im Jahr 2007 Kontakte zu öffentlichen Vertretern intensiv gesucht und gepflegt.

Hinzu kommt der einmal jährlich stattfindende „Fachtag für Bürgermeister der Standortgemeinden"[172] der Stiftung Liebenau. Dies ist ein Treffen mit allen Bürgermeistern, in deren Gemeinden oder Städten die Stiftung Liebenau vertreten ist. In den Einrichtungen nach dem Konzept „Lebensräume für Jung und Alt" und den Bürgerstiftungen pflegt die Stiftung Liebenau darüber hinaus nach eigenen Aussagen enge Kooperationen zu Stadtvertretern und/oder den Bürgermeistern.[173]

Fazit:

Die Stiftung Liebenau erachtet Kooperationen und strategische Partnerschaften als äußerst wichtig, einen großen Gewinn verspricht

---

[170] Vgl.: Homepage der Stiftung Liebenau, http://www.stiftung-liebenau.de/stiftung-liebenau/projekte/projekte-details/index.html?tx_wefaq_pi1[field]=1&no_cache=1&tx_wefaq_pi1[pid]=392&tx_wefaq_pi1[i]=&tx_wefaq_pi1[backpid]=388&tx_wefaq_pi1[catid]=1392
[171] Vgl.: Homepage der Stiftung Liebenau, http://www.stiftung-liebenau.de/home/news-details/news/2212/return/416/index.html
[172] Siehe: Stiftung Liebenau (2008), S. 15
[173] Vgl.: Stiftung Liebenau (2007), S. 41 f.

sie sich durch gegenseitigen Austausch und eine gemeinsame Interessenvertretung mit nicht-staatlichen Akteuren gegenüber der öffentlichen Seite. Neben ihren vielen Bündnispartnern aus dem nichtstaatlichen Bereich bemüht sie sich gleichzeitig intensiv um den Kontakt mit Vertretern aus dem Bereich der Politik. Sie berücksichtigt dabei alle Ebenen, also von der Kommunalpolitik bis hin zur europäischen Ebene. Dies ist bei einem Wohlfahrtsakteur von dieser Größe nicht überraschend, die Stiftung Liebenau zielt dabei auf ihre Einflussnahme auf politische Prozesse. Hier scheint sie aber einen eher konstruktiven partnerschaftlichen Stil im Austausch mit Staatsvertretern zu pflegen, dies spricht tendenziell für eine gewisse Nähe zur öffentlichen Seite.

Punktevergabe: 1,5

4) Organisatorische oder personale Verflechtung mit dem Staat

Eine personale Verflechtung der Stiftung Liebenau mit staatlichen Vertretern ist in so fern erkennbar, als dass der Präsident des Stuttgarter Landesgerichtes Dr. Franz Steinle seit dem 19. Januar 2007 Mitglied des neunköpfigen Aufsichtsrats der Stiftung Liebenau ist.[174] Damit hat er eine verantwortungsvolle Position innerhalb der Stiftung inne. Aus der Stiftungssatzung geht hervor, dass dem Aufsichtsrat insbesondere die Aufsicht über die Leitung der Stiftung obliegt. Vorstand und Aufsichtsrat „arbeiten vertrauensvoll zum Wohle der Stiftung zusammen"[175]. Es ist jedoch nicht erkennbar, dass ein Posten im Aufsichtsrat dauerhaft und verpflichtend von einem Vertreter der staatlichen Seite besetzt werden muss.

---

[174] Vgl.: Homepage der Stiftung Liebenau, http://www.stiftung-liebenau.de/stiftung-liebenau/vorstand-und-aufsichtsrat/index.html
[175] Siehe: Homepage der Stiftung Liebenau, http://www.stiftung-liebenau.de/stiftung-liebenau/satzungstiftungliebenau/index.html

Dafür müssen drei Posten im Aufsichtsrat und ein Posten im Vorstand laut Satzung an Priester der Diözese Rottenburg-Stuttgart vergeben werden.[176] Dies ist Ausdruck des kirchlichen Charakters der Stiftung Liebenau.

Fazit:

Im neunköpfigen Aufsichtsrat ist mit dem Präsident des Stuttgarter Landesgerichts ein einflussreicher Vertreter der staatlichen Seite vertreten. Dieser Posten im Aufsichtsrat ist laut Satzung jedoch nicht bindend mit einer solchen Person zu besetzen. Die Satzung legt eine feste Zahl von kirchlichen Vertretern in Vorstand und Aufsichtsrat fest. Mehr als eine geringfügig ausgeprägte Nähe der Stiftung zum Sozialstaat lässt sich daraus nicht ableiten, die Verflechtung mit der kirchlichen Seite ist deutlich dominanter.

Punktevergabe: 2,5

5) Programmatische Aussagen zur Leistungsfähigkeit des Sozialstaates

Auf dem Internetauftritt der Stiftung Liebenau finden sich eine Vielzahl von Aussagen über die aktuelle Lage des Sozialstaates, insbesondere in Positionspapieren oder Aufsätzen, die sich speziell der Frage nach der Leistungsfähigkeit des Sozialstaates widmen. Folgende Dokumente[177] sind auf der Homepage abrufbar und eindeutig diesem Thema zugeordnet:

- Der umgebaute Sozialstaat – Entwicklungen und Reformbedarf

---

[176] Vgl.: Homepage der Stiftung Liebenau, http://www.stiftung-liebenau.de/stiftung-liebenau/satzungstiftungliebenau/index.html

[177] Vgl.: Homepage der Stiftung Liebenau, http://www.stiftung-liebenau.de/service/downloads/index.html

- Positionspapier: Mehr Gerechtigkeit, Beweglichkeit und Gemeinsinn im Sozialstaat
- Policy Paper: Demographischer und Sozialer Wandel

Darüber hinaus finden sich weitere Dokumente zu einzelnen Themenbereichen aus Alten- und Behindertenhilfe, die ebenfalls Aussagen über den Sozialstaat und seine Leistungsfähigkeit enthalten.

Klar wird bei den Einschätzungen von Seiten der Stiftung, dass eine Weiterentwicklung und Reformierung des Sozialstaates insgesamt als absolut notwendig angesehen wird. Dies lässt sich durch folgende Aussagen belegen: „so sägt sich der Sozialstaat den Ast ab auf dem sitzt"[178], „zunehmende(n) Finanzierungsprobleme der Sozialleistungssysteme"[179], „notwendige politische Veränderungen"[180], „grundlegende [...] Strukturveränderungen erforderlich"[181], „Sozialsystem dringend weiterentwickelt werden muss"[182].

In Frage gestellt wird sichtbar die Leistungsfähigkeit des Sozialstaates in seiner aktuellen Verfassung. Im Zuge der Forderung einer Reformierung des Systems wird deutlich betont, dass nicht allein die öffentliche Hand gefragt ist, sondern auch „informelle(n) soziale(n) Unterstützungsnetzwerke"[183] und mehr „zwischenmenschliche Solidarität"[184] für wichtig erachtet werden. Es muss nach Ansicht der Stiftung Liebenau eine stärkere „Verlagerung von Verantwortung in die Gesellschaft hinein"[185] erreicht werden. Diese Aussagen bringen zum Ausdruck, dass die Stiftung auch die nicht-staatliche Seite in der Verantwortung sieht um der drohenden Überlastung des sozialen Sicher-

---

[178] Siehe: Stiftung Liebenau (2005), S. 5 f.
[179] Siehe: Stiftung Liebenau (2005), S. 7
[180] Siehe: Stiftung Liebenau & Samariterstiftung (2007), S. 18
[181] Siehe: Stiftung Liebenau (2005), S. 6
[182] Siehe: Stiftung Liebenau & Samariterstiftung (2007), S. 9
[183] Siehe: Stiftung Liebenau (2005), S. 9
[184] Siehe: Stiftung Liebenau (2005), S. 10
[185] Siehe: Stiftung Liebenau & Samariterstiftung (2007), S. 18

heitssystems entgegen zu wirken. Maßgebende Leitidee ist dabei eine „neue Balance zwischen Eigenverantwortung und Solidarität"[186], dies wird an mehreren Stellen zum Ausdruck gebracht.

Fazit:
Die Stiftung Liebenau hat eine deutliche Position zur Leistungsfähigkeit des Sozialstaates, sie sieht einen dringenden Reformbedarf. Dabei sieht sie jedoch nicht nur die staatliche Seite in der Verantwortung, auch den Bürger selbst sowie primäre Netzwerke und generell nicht-staatliche Akteure. Dies bringt zum Ausdruck, dass eine beidseitige gemeinsame Anstrengung für erforderlich gehalten wird, ein Indiz für eine gewisse Nähe zum Sozialstaat, da die Verantwortung nicht auf den Staat abgeschoben wird. Es wird jedoch deutlich gemacht, dass eine größere Übernahme von Verantwortung durch die nicht-öffentliche Seite nur möglich sei, wenn der Staat dazu die Weichen stellt und die notwendigen Rahmenbedingungen schafft. Dies lässt die Bewertung mit einem schwachen Trend zu Nähe insgesamt zurückhaltend ausfallen.

Punktevergabe: 2,5

6) Programmatische Aussagen zur Bedeutung zivilgesellschaftlicher Ansätze oder Programme

Die Stiftung Liebenau macht über Aussagen auf ihrer Homepage deutlich, dass sie stark auf die Bedeutung zivilgesellschaftlicher Programme setzt. Sie sieht in ihnen einen wichtigen möglichen Gegenpol zu den negativen Auswirkungen des gesellschaftlichen Wandels

---

[186] Siehe: Stiftung Liebenau (2005), S. 7

unserer Zeit.[187] Insbesondere zur Bedeutung von bürgerschaftlichem Engagement finden sich zahlreiche Aussagen, dessen Förderung ist für sie ein zentrales Anliegen. Sie selbst beschäftigt in ihren Einrichtungen eine Vielzahl ehrenamtlich Engagierter.[188] Im Jahresbericht 2007 wird deutlich gemacht, „dass im Miteinander von Profis und Bürgern wesentliche Entwicklungschancen"[189] gesehen werden.

Wie in der Unternehmensphilosophie der Stiftung zu lesen ist, ist sie selbst einst aus bürgerschaftlichem Engagement hervorgegangen.[190] Ausdruck der großen Bedeutung, die bürgerschaftlichem Engagement beigeordnet wird, ist das von ihr in Kooperation mit der Samariterstiftung veröffentlichte Positionspapier „Zusammenspiel von hauptamtlicher Arbeit und Bürgerengagement"[191]. Die Veröffentlichung des Dokuments stand in Verbindung mit einem Fachgespräch mit hochrangiger politischer Besetzung,[192] dabei bekräftigten die Beteiligten „sich in Zukunft noch stärker für neue Formen des Bürgerengagements und die erforderlichen Rahmenbedingungen einsetzen zu wollen"[193]. Ziel dieses Papiers ist es, wie in seinem Vorwort beschrieben, einen „Dialog mit der Politik über notwendige Veränderungen der Rahmenbedingungen"[194] zu führen. Es wird von den beiden Stiftungsvorsitzenden eine „kritisch-konstruktive(n) Debatte"[195] gewünscht.

Der hohe Stellenwert des bürgerschaftlichen Engagements zeigt sich auch an der Beteiligung am Bundesprogramm Mehrgenerationen-

---

[187] Vgl.: Stiftung Liebenau & Samariterstiftung (2007), S. 4 f.
[188] Vgl.: Stiftung Liebenau & Samariterstiftung (2007), S. 5
[189] Siehe: Stiftung Liebenau (2008), S. 15
[190] Vgl.: Homepage der Stiftung Liebenau, http://www.stiftung-liebenau.de/stiftung-liebenau/unternehmensphilosophie/selbstverstndnis/index.html#c483
[191] Siehe: Stiftung Liebenau & Samariterstiftung (2007)
[192] Vgl.: Stiftung Liebenau (2008), S. 15
[193] Siehe: Stiftung Liebenau (2008), S. 15
[194] Siehe: Stiftung Liebenau & Samariterstiftung (2007), S. 3
[195] Siehe: Stiftung Liebenau & Samariterstiftung (2007), S. 3

häuser, bei dem die Einbindung von bürgerschaftlichem Engagement als Zielvorgabe gesetzt ist.[196] Ferner ist die Stiftung als Initiator von Bürgerstiftungen und Betreiber von auf das Gemeinwesen ausgerichteten Konzepten wie den Lebensräumen für Jung und Alt in Bereichen tätig, die auf die Förderung bürgerschaftlichen Engagements ausgerichtet sind.

Fazit:

Die Stiftung Liebenau misst zivilgesellschaftlichen Ansätzen einen hohen Stellenwert bei, insbesondere bei der Frage nach der Weiterentwicklung und Aufrechterhaltung einer ausreichenden Versorgung und eines funktionierenden Sozialsystems sieht sie die Zivilgesellschaft mit in der Verantwortung. Sie vertritt diesbezüglich klare Positionen in der Öffentlichkeit und sucht insbesondere auch den konstruktiven Dialog mit der Politik, um gemeinsam an der Schaffung der nötigen Rahmenbedingungen zu arbeiten. Darüber hinaus ist sie in ein staatliches Förderprogramm (Aktionsprogramm Mehrgenerationenhäuser) mit eingebunden, das die Förderung von bürgerschaftlichem Engagement als Zielsetzung vorgibt. Die Bewertung ordnet sich zwischen einer geringfügig ausgeprägten und einer gewissen Nähe ein.

Punktevergabe: 1,5

7) Aussagen über die Bedeutung des Marktes für die Stiftung

Die Stiftung Liebenau macht auf ihrer Homepage und dabei insbesondere in Aufsätzen und Positionspapieren deutlich, dass der Markt

---

[196] Vgl.: Homepage „Aktionsprogramm Mehrgenerationenhäuser",
http://www.mehrgenerationenhaeuser.de/coremedia/generator/mgh/de/01__Mehrgenerationenh_C3
user/02__Das_20Aktionsprogramm/00__Das_20Aktionsprogramm.html

für sie von Bedeutung ist. Sie beschreibt, dass sie es sich zur Aufgabe macht „Markt- und Gesellschaftsveränderungen zu beobachten und zu analysieren"[197]. Besonderes Augenmerk wird dabei auf die Entwicklung des europäischen Binnenmarktes gelegt, wie sich an einem Fachgespräch mit Europaparlamentarier Markus Ferber zum Thema „Soziale Dienstleistungen in einem freien EU-Binnenmarkt" zeigt. Das Fachgespräch fand im April 2009 in der Stiftung Liebenau statt. Beigewohnt hatten ihm neben dem Gastgeber auch Vertreter anderer Sozialunternehmen, der Agentur für Arbeit, von Krankenhäusern und von öffentlichen Einrichtungen.[198]

Auch der Brüsseler Kreis, in dem die Stiftung Liebenau vertreten ist,[199] bezog, wie dem Jahresbericht 2007 zu entnehmen ist, zu diesem Thema bereits Position und führte dazu einen parlamentarischen Abend in Brüssel durch.[200]

Die Bedeutung des Marktes wird im Zusammenhang mit den gewerblichen Bereichen der Stiftung Liebenau hervorgehoben. Dies sind die Service GmbH, die Gebäude- und Anlagenservice GmbH und die Beratung- und Unternehmensdienste GmbH.[201] Hier wird in verschiedenen Kontexten von „stetig wachsenden Anforderungen und Herausforderungen des Marktes"[202] gesprochen, von einer „klare(n) Ausrichtung auf den externen Markt"[203] und der Ausrichtung und Platzierung von Geschäftsbereichen entsprechend ihrer Marktfä-

---

[197] Siehe: Homepage der Stiftung Liebenau, http://www.stiftung-liebenau.de/stiftung-liebenau/sozialpolitik/index.html
[198] Vgl.: Homepage der Stiftung Liebenau, http://www.stiftung-liebenau.de/aktuell/medieninformationen/mediendetails/news/2210/return/789/index.html
[199] *Der Brüsseler Kreis ist ein Zusammenschluss großer deutscher Sozialunternehmen, darunter auch die Stiftung Liebenau.*
[200] Vgl.: Stiftung Liebenau (2008), S. 16
[201] Vgl.: Homepage der Stiftung Liebenau, http://www.stiftung-liebenau.de/stiftung-liebenau/taetigkeitsfelder/gewerblichegesellschaften/index.html
[202] Siehe: Stiftung Liebenau (2008), S. 62
[203] Siehe: Stiftung Liebenau (2008), S. 63

higkeit.[204]

In einem umfassenderen Kontext, der auch die sozialen Dienstleistungen der Stiftung miteinbezieht, finden sich kritische Äußerungen über zu viel Kontrolle des Marktes durch die staatliche Seite. Es wird bemängelt, dass den Leistungsanbietern ein „verstärkter Wettbewerb gesetzlich verordnet"[205] wurde. Unternehmerische Handlungsfreiheit wird als unabdingbar notwendig gesehen, um „sich im Wettbewerb flexibel und kreativ verhalten zu können"[206]. Es wird kritisiert, dass der Staat gegensätzliche Ziele verfolge, nämlich einerseits die Forderung nach mehr Marktwettbewerb und andererseits eine stärkere staatliche Regulierung.[207] An anderer Stelle ist von einer „planwirtschaftlichen Investitionssteuerung durch den Staat"[208] die Rede, es wird in gleichem Atemzug gefordert, diese durch eine „markt- und nachfrageorientierte Angebotsentwicklung der Sozialunternehmen zu ersetzen"[209]. Die Stiftung Liebenau sieht soziale Dienste und Einrichtungen immer stärker gefordert, sich selbst zu positionieren und zu klären in welchen Marktsegmenten sie welche Dienstleistungsangebote platzieren wollen.[210]

Fazit:

Die Stiftung positioniert sich eindeutig zum Markt, als sozialer Dienstleister ist sie Teil des Marktes. In diesem Zusammenhang sind auch ihre gewerblichen Gesellschaften von Bedeutung, es muss jedoch für diese Fragestellung das Hauptaugenmerk auf die sozialen Dienstleistungen gelegt werden. In verschiedenen Aufsätzen und Positionspapieren übt sie klare Kritik an zu viel staatlicher Kontrolle

---

[204] Vgl.: Stiftung Liebenau (2008), S. 68
[205] Siehe: Stiftung Liebenau (2005), S. 6
[206] Siehe: Stiftung Liebenau (2005), S. 6
[207] Vgl.: Stiftung Liebenau (2005), S. 6
[208] Siehe: Stiftung Liebenau & Körperbehindertenzentrum Oberschwaben (2003), S. 4
[209] Siehe: Stiftung Liebenau & Körperbehindertenzentrum Oberschwaben (2003), S. 4
[210] Vgl.: Stiftung Liebenau (2005), S. 6 f.

und fordert mehr Freiheiten für Leistungsanbieter. Begriffe wie „planwirtschaftliche Investitionssteuerung" haben eine negative Konnotation, dies lässt auf eine gewisse Distanz zu den vorherrschenden sozialrechtlichen Rahmenbedingungen und damit der staatlichen Seite schließen.

Punktevergabe: 5,0

8) Sonstiges

Bemerkenswert ist, dass die Stiftung Liebenau eine eigene „Stabstelle Sozialpolitik" besitzt, die für den sozialpolitischen Themenkomplex innerhalb der Stiftung zuständig ist. Auf dem Internetauftritt der Stiftung ist ihr ein eigener Bereich zugeordnet, dies unterstreicht den Stellenwert, der der Stabsstelle beigemessen wird.[211] Ihr Aufgabenbereich umfasst nach der Darstellung auf der Homepage die Analyse sozialpolitischer, sozialrechtlicher, gesellschaftlicher und marktbezogener Entwicklungen, sozialpolitische Positionierungen, die Entwicklung sozialer Innovationen sowie die Vernetzung und die Förderung des Gemeinwohls.[212] Auf Grund der Vielzahl an Kontakten zu Politikern und der damit verbundenen Einwirkung auf politische Entscheidungsträger durch Positionierungen zu verschiedenen Themenbereichen, ist nicht verwunderlich, dass die Stiftung eine derartige Stabsstelle hat. Durch die Stabsstelle sollen sozialpolitische Positionen der Stiftung in Öffentlichkeit und Politik vermittelt werden und Gesprächskontakte mit den jeweils politisch Verantwortlichen wahrgenommen werden.[213]

---

[211] Siehe: Homepage der Stiftung Liebenau, http://www.stiftung-liebenau.de/stiftung-liebenau/sozialpolitik/index.html
[212] Vgl.: Homepage der Stiftung Liebenau, http://www.stiftung-liebenau.de/stiftung-liebenau/sozialpolitik/index.html
[213] Vgl.: Homepage der Stiftung Liebenau, http://www.stiftung-liebenau.de/stiftung-liebenau/sozialpolitik/index.html

Fazit:

Die Tatsache, dass eine Stiftung eine eigene „Stabstelle Sozialpolitik" unterhält, ist von Bedeutung, muss aber differenziert betrachtet werden hinsichtlich der Fragestellung nach „Nähe oder Distanz der Stiftung zum Sozialstaat". Eine solche Stabsstelle kann die Stiftung gegenüber staatlichen Vertretern sowohl „dialog-orientiert" als auch „kompromisslos", sprich positionsvertretend aber nicht kompromisssuchend, vertreten. Dies ist auf Grundlage der gegebenen Informationen nicht ersichtlich, die Bewertung fällt somit neutral aus.

Punktevergabe: 3,0

STIFTUNG LIEBENAU		
	Dimension	Punktzahl
	1	1
	2	2,5
	3	1,5
	4	2,5
	5	2,5
	6	1,5
	7	5
	8	3
Summe		19,5
Mittelwert		2,44*

[* = gerundeter Wert]

5.4.2) BÜRGERSTIFTUNG WIESLOCH

1) Eingebundenheit in staatliche Programme
Soweit erkennbar ist die Bürgerstiftung Wiesloch in kein staatliches Förderprogramm mit einbezogen, es finden sich keine Aussagen auf dem Internetauftritt der Stiftung, die zu diesem Thema Stellung beziehen.

Fazit:
Die Bürgerstiftung Wiesloch scheint in kein staatliches Förderprogramm mit einbezogen zu sein, dies lässt in diesem Punkt auf eine deutliche Distanz zum Sozialstaat schließen. Die Tatsache, dass sich die Stiftung nicht eindeutig von staatlichen Förderprogrammen distanziert, lässt die Bewertung etwas zurückhaltender ausfallen.

Punktevergabe: 5,5

2) Finanzierung
Es liegen keine Informationen über Gelder vor, die von staatlicher Seite aus in die Stiftung fließen. Bei Verlautbarungen über Zustifter oder eingegangene Spenden, die jedoch nur vereinzelt zu finden sind,[214] wurden keine Vertreter der öffentlichen Seite genannt.

Fazit:
Auf Grund der gegebenen Informationen ist nicht ersichtlich, dass Gelder aus öffentlichen Kassen in die Stiftung fließen oder geflossen sind. Da diesbezüglich nur eine bedingte Transparenz vorliegt, kann dies aber nur vermutet werden und ist nicht eindeutig gesichert. Die

---
[214] Vgl.: Bürgerstiftung Wiesloch (2008), S. 5

Bewertung fällt somit zurückhaltend aus, die Stiftung wird mit einer geringfügig ausgeprägten Distanz zur staatlichen Seite bewertet.

Punktevergabe: 4

3) Bündnispartner, Kooperationen, strategische Partnerschaften

Die Bürgerstiftung Wiesloch arbeitet in einzelnen Projekten mit verschiedenen Partnern zusammen. Sie hat beispielsweise in Kooperation mit dem Deutschen Roten Kreuz eine Erste-Hilfe-Ausbildung für Jugendleiter aller in Wiesloch ansässigen Vereine organisiert,[215] dabei können neben dem Deutschen Roten Kreuz auch die Vereine im weiteren Sinne als projektbezogene Partner der Stiftung angesehen werden.

Eine Kooperation mit dem Naturschutzbund NABU e.V. und der Schillergrundschule Wiesloch wurde im Rahmen des Projekts „Schillerschul-Rangers / Naturtagebuch" durchgeführt, hier wurde von Schülern und ihren Betreuern ein „Naturtagebuch" entwickelt.[216] Wichtig scheint für die Stiftung auch die längerfristige Kooperation mit in Wiesloch ansässigen Grundschulen zu sein, gemeinsam mit zwei Grundschulen wurde das Projekt „Lesepaten" ins Leben gerufen. Im Rahmen dieses Projektes gehen von der Stiftung beauftragte Lesepatinnen und Lesepaten regelmäßig in die beiden Schulen um den Kindern intensiv die deutsche Sprache näher zu bringen.[217]

Eine starke Unterstützung erfährt die Bürgerstiftung durch einige lokale und regionale Unternehmen, diese wurden von der Stiftung dafür gewonnen, zur Aufstockung des Kapitalstocks der Stiftung beizutragen.

---

[215] Vgl.: Homepage der Bürgerstiftung Wiesloch, http://buergerstiftung-wiesloch.de/category/projekt
[216] Vgl.: Homepage der Bürgerstiftung Wiesloch, http://buergerstiftung-wiesloch.de/projekt-schillerschul-rangersnaturtagebuch/#more-235
[217] Vgl.: Homepage der Bürgerstiftung Wiesloch, http://buergerstiftung-wiesloch.de/aufbau-von-lesepatenschaften/#more-145

Die Betriebe haben sich im Rahmen der Aktion „Aus 1 mach 2" dazu verpflichtet, „bis zum Jahr 2010 jeden Euro zu verdoppeln, der von der Wieslocher Bevölkerung in die Bürgerstiftung Wiesloch gegeben wird"[218]. Somit werden sowohl Spenden als auch Zustiftungen bis zu einer Gesamthöhe von 100.000 Euro verdoppelt.

Eine weitere projektbezogene Kooperation fand im Rahmen der Finanzierung eines Kühlfahrzeuges für die Wieslocher Tafel, eine Einrichtung zur Versorgung Bedürftiger mit günstigen Lebensmitteln, statt. Da die Anschaffung eines solchen Fahrzeuges unabdinglich war und keine ausreichenden finanziellen Mittel vorhanden waren, hatten die Bürgerstiftung Wiesloch, der Lions Club, die Firma Opel, das Autohaus Dechent Walldorf und die Firma REWE gemeinsam die erforderlichen Mittel aufgebracht.[219]

Wie sich aus den Informationen auf dem Internetauftritt der Stiftung erkennen lässt, wurde auch eine gemeinsame Aktion mit Bürgermeisterin Ursula Hänsch und Oberbürgermeister Franz Schaidhammer durchgeführt. Im Rahmen einer von der Stiftung Wiesloch organisierten Auktion wurden verschiedene stadt- und regionsbezogene Dinge versteigert, der Erlös floss in den Kapitalstock der Stiftung. Moderiert wurde die Auktion von Bürgermeisterin Ursula Hänsch, Hauptattraktion der Auktion war die mögliche Ersteigerung eines vom Oberbürgermeister persönlich zubereiteten Menüs.[220] Somit wurden der Oberbürgermeister und eine Bürgermeisterin für ein Engagement zu Gunsten der Stiftung gewonnen.

---

[218] Siehe: Homepage der Bürgerstiftung Wiesloch, http://buergerstiftung-wiesloch.de/aus-1-mach-2-unternehmen-bekennen-sich-zur-burgerstiftung/

[219] Vgl.: Homepage der Bürgerstiftung Wiesloch, http://buergerstiftung-wiesloch.de/eine-welle-der-hilfsbereitschaft-fur-die-tafel/#more-144

[220] Vgl.: Homepage der Bürgerstiftung Wiesloch, http://buergerstiftung-wiesloch.de/der-ob-kam-%E2%80%9Eunter-den-hammer%E2%80%9C/#more-161

Fazit:
Die Bürgerstiftung Wiesloch sucht sich projektbezogen oftmals Partner mit denen sie sich zusammenschließt. Dies sind insbesondere Vereine, Verbände wie das Deutsche Rote Kreuz aber auch regionale Unternehmen, wie sich eindrücklich am Beispiel der geschilderten Aktion „Aus 1 mach 2" zeigt. Kooperationen mit staatlichen Partnern sind abgesehen vom Engagement der Bürgermeisterin und des Oberbürgermeisters im Rahmen einer Auktion zu Gunsten der Stiftung und einer Kooperation mit Wieslocher Schulen nicht erkennbar. Somit scheinen Bündnisse mit Akteuren aus dem nicht-staatlichen Bereich insgesamt häufiger und stärker ausgeprägt zu sein als Kooperationen mit Partnern aus dem öffentlichen Bereich. Die Bewertung tendiert somit in Richtung einer gewissen Distanz zur staatlichen Seite.

Punktevergabe: 4,5

4) Organisatorische oder personale Verflechtung mit dem Staat
Eine organisatorische und insbesondere personale Verflechtung der Bürgerstiftung Wiesloch mit dem Staat bzw. Vertretern der staatlichen Seite lässt sich in einem gewissen Maße erkennen. In der Satzung sind keine Besetzungen der Stiftungsgremien (Vorstand, Stiftungsrat, Stiftungsforum) mit staatlichen Vertretern vorgeschrieben,[221] einzelne Mitglieder lassen sich jedoch bedingt in Bezug zur staatlichen Seite bringen. Zu nennen ist insbesondere Karin Becker, sie ist Gemeinderätin in Wiesloch und gleichzeitig im Stiftungsrat der Bürgerstiftung Wiesloch.[222] Michael Sieber, Mitglied des Stiftungsrats, ist ehemaliges Mitglied des Baden-Württembergischen Landtages und Staatssekretär a.D., das Ende seiner politischen Tätigkeit geht jedoch (soweit

---

[221] Vgl.: Homepage der Bürgerstiftung Wiesloch, http://buergerstiftung-wiesloch.de/die-satzung/
[222] Vgl.: Homepage der Bürgerstiftung Wiesloch, http://buergerstiftung-wiesloch.de/Karin-Becker/

ersichtlich) seinem Eintritt in die Stiftung voraus.[223] Eckhart Kamm, ebenfalls Mitglied des Stiftungsrats, betätigt sich beruflich offensichtlich neben seiner Funktion als Gymnasialleiter in Wiesloch als Dozent am staatlichen Seminar für Lehrerbildung und Didaktik in Heidelberg.[224] Dies kann nur bedingt als unmittelbarer Bezug zur staatlichen Seite gewertet werden kann. Darüber hinaus ist Dr. Brigitta Martens-Aly, ein weiteres Stiftungsratmitglied, beruflich tätig als kommunale Umweltschutzbeauftragte und somit politisch aktiv,[225] genaueres über ihre Funktion lässt sich über Internetrecherchen nicht herausfinden.

Aus Presseartikeln, die auf der Homepage einsichtig sind, geht hervor, dass Bürgermeisterin Ursula Hänsch sowie Oberbürgermeister Franz Schaidhammer dem Initiativkreis der Wieslocher Stiftung mit angehören.[226] Der Initiativkreis hat die Errichtung der Stiftung über längere Zeit hinweg intensiv vorbereitet und durchgeführt.

In der Präambel der Satzung der Stiftung wird ausdrücklich darauf hingewiesen, dass die Stiftung „keine Pflichtaufgaben für die Kommune"[227] übernimmt.

Fazit:

Eine personale oder organisatorische Verknüpfung oder Verflechtung der Stiftung mit dem Staat lässt sich bei der Bürgerstiftung Wiesloch in mäßiger Ausprägung feststellen. Die Stiftungssatzung schreibt keine staatlichen Vertreter in Stiftungsgremien fest. Von den vier erwähnten Mitgliedern des Stiftungsrats ist insbesondere Karin Becker in ihrer Funktion als Gemeinderätin hervorzuheben, sie stellt eine direkte Ver-

---

[223] Vgl.: Homepage der Bürgerstiftung Wiesloch, http://buergerstiftung-wiesloch.de/Michael-Sieber/
[224] Vgl.: Homepage der Bürgerstiftung Wiesloch, http://buergerstiftung-wiesloch.de/Eckhart-Kamm/
[225] Vgl.: Homepage der Bürgerstiftung Wiesloch, http://buergerstiftung-wiesloch.de/Dr.-Brigitta-Martens-Aly/
[226] Vgl.: Homepage der Bürgerstiftung Wiesloch, http://buergerstiftung-wiesloch.de/michael-sieber-leitet-die-neue-burgerstiftung/#more-35
[227] Siehe: Homepage der Bürgerstiftung Wiesloch, http://buergerstiftung-wiesloch.de/die-satzung/

bindung zwischen der kommunalpolitischen Seite und der Stiftung her. Darüber hinaus steht auch Dr. Brigitta Martens-Aly, ihres Zeichens kommunale Umweltschutzbeauftragte, in einer mehr oder weniger direkten Verbindung zur Politik, sie ist jedoch offensichtlich weder Mitglied des Gemeinderats noch der kommunalen Verwaltung. An der Errichtung der Stiftung waren im Rahmen des Initiativkreises eine Bürgermeisterin sowie der Oberbürgermeister der Stadt Wiesloch beteiligt.

Mit der in der Satzung erwähnten Aussage, dass die Stiftung keine Pflichtaufgaben für die Kommune übernimmt, wird jedoch deutlich, dass eine organisatorische Verflechtung mit der öffentlichen Seite von der Stiftung aus nicht gewünscht ist. Im Gesamtbild lässt sich auf Grund der personalen Verflechtung eine mäßige bis gewisse Nähe zur staatlichen Seite feststellen.

Punktevergabe: 1,5

5) Programmatische Aussagen zur Leistungsfähigkeit des Sozialstaates

Auf der Homepage der Bürgerstiftung Wiesloch finden sich keine klaren politischen Positionierungen, die sich auf die Leistungsfähigkeit des Sozialstaates oder den Sozialstaat im Allgemeinen beziehen. Es wird im Zusammenhang mit der Stiftungsgründung lediglich geäußert, dass die öffentliche Hand immer weniger Geld habe, „während die sozialen Herausforderungen wachsen"[228]. Dies gelte auch für die Stadt Wiesloch und habe zur Folge, dass soziale Projekte weitestgehend auf finanzielle Unterstützung von Seiten der Kommunalpolitik verzichten müssten. Da die öffentliche Hand immer weniger leisten könne, würde

---

[228] Siehe: Homepage der Bürgerstiftung Wiesloch, http://buergerstiftung-wiesloch.de/burgerstiftung-will-sozialen-zusammenhalt-starken/#more-11

jedoch zugleich die Notwendigkeit sozialer Projekte wachsen.[229] Diese Aussage wird als Begründung für die Sinnhaftigkeit der Errichtung einer Bürgerstiftung herangezogen. Es wird im Zusammenhang mit der durch die Finanznot der Stadt verursachten kommunalen Sparpolitik von einem „Dilemma" gesprochen, das es zu lösen gilt.[230]

Fazit:
Die oben geschilderten Aussagen vermitteln den Eindruck, dass die Bürgerstiftung sich mit in der Pflicht sieht, das Dilemma der leeren städtischen Kassen zu lösen. Fraglich ist dabei, ob die Intention die Stadt zu entlasten dabei eine Rolle spielt oder ob einzig und alleine den Bürgern der Stadt Gutes getan werden soll. In der Präambel der Stiftungssatzung heißt es, dass die Stiftung keine Pflichtaufgaben für die Kommune übernimmt.[231]

Die Aussagen zur Leistungsfähigkeit des Sozialstaates können nur randläufig zu einer Interpretation und Analyse herangezogen werden. Die Äußerungen zur Finanznot der Stadt lassen jedoch bedingt auf eine geringfügig ausgeprägte Nähe zur kommunalpolitischen Seite schließen.

Punktevergabe: 2,5

6) Programmatische Aussagen zur Bedeutung zivilgesellschaftlicher Ansätze oder Programme

Die Stiftung hat es sich laut Satzung zur Aufgabe gemacht „bürger-

---

[229] Vgl.: Homepage der Bürgerstiftung Wiesloch, http://buergerstiftung-wiesloch.de/burgerstiftung-will-sozialen-zusammenhalt-starken/#more-11
[230] Vgl.: Homepage der Bürgerstiftung Wiesloch, http://buergerstiftung-wiesloch.de/burgerstiftung-will-sozialen-zusammenhalt-starken/#more-11
[231] Vgl.: Homepage der Bürgerstiftung Wiesloch, http://buergerstiftung-wiesloch.de/die-satzung/

schaftliches Engagement auszulösen und zu unterstützen"[232]. Sie will „das Einbringen materieller und immaterieller Beiträge der Wieslocher Bürgerschaft in den Prozess einer gemeinwohlorientierten und nachhaltigen Stadtentwicklung"[233] ermöglichen. Darüber hinaus sucht die Stiftung immer wieder Kooperationen mit Akteuren aus dem zivilgesellschaftlichen Bereich, etwa mit Vereinen oder Verbänden. Dies wird zum Beispiel an der Kooperation mit dem Deutschen Roten Kreuz und Wieslocher Vereinen im Rahmen eines Projektes deutlich, in dem die genannten Kooperationspartner Erste-Hilfe-Kurse für Jugendleiter aus Wieslocher Vereinen angeboten hatten.[234]

Auch die Stiftung selbst ist ein Akteur der Zivilgesellschaft und kann in ihrem Selbstverständnis als Bürgerstiftung als Bejahung der Verantwortung der Zivilgesellschaft verstanden werden.

Fazit:

Die Förderung von bürgerschaftlichem Engagement ist ein primäres Ziel der Bürgerstiftung Wiesloch, dies ist für eine Bürgerstiftung nicht überraschend, sollte jedoch trotzdem im Rahmen der Analyse hervorgehoben werden. Die Stiftung macht keine weitgreifenden programmatischen Aussagen über die Bedeutung zivilgesellschaftlicher Ansätze, nimmt jedoch durch ihr Wirken und die Auswahl ihrer Kooperationspartner indirekt eine Position ein. Da sie durch die Aktivierung der Bürgerschaft bewusst die Stadtentwicklung voranbringen möchte, kann ihr eine gewisse Nähe zur Stadt und damit auch zur öffentlichen Seite zugeschrieben werden.

Punktevergabe: 2

---

[232] Siehe: Homepage der Bürgerstiftung Wiesloch, http://buergerstiftung-wiesloch.de/die-satzung/
[233] Siehe: Homepage der Bürgerstiftung Wiesloch, http://buergerstiftung-wiesloch.de/die-satzung/
[234] Vgl.: Homepage der Bürgerstiftung Wiesloch, http://buergerstiftung-wiesloch.de/category/projekt

7) Aussagen über die Bedeutung des Marktes für die Stiftung

Auf der Homepage der Bürgerstiftung Wiesloch lassen sich keine Aussagen über die Bedeutung des Marktes für die Stiftung finden.

Fazit:
Auf Grund fehlender Aussagen ist ein Fazit nicht möglich.

Punktevergabe: -

8) Sonstiges

Es liegen keine sonstigen auszuwertenden Informationen vor.

Punktevergabe: -

BÜRGERSTIFTUNG WIESLOCH		
	Dimension	Punktzahl
	1	5,5
	2	4
	3	4,5
	4	1,5
	5	2,5
	6	2
	7	-
	8	-
Summe		20
Mittelwert		3,33*

[* = gerundeter Wert]

5.4.3) GRAF VON PÜCKLER UND LIMPURG'SCHE WOHLTÄTIGKEITS-STIFTUNG

1) Eingebundenheit in staatliche Programme
Es ist nicht ersichtlich, dass die Graf von Pückler und Limpurg'sche Wohltätigkeitsstiftung in ein staatliches Förderprogramm eingebunden ist. Es finden sich keine Aussagen auf der Stiftungshomepage, die sich auf dieses Thema beziehen.

Fazit:
Die Bürgerstiftung Wiesloch scheint in kein staatliches Förderprogramm mit einbezogen zu sein, dies lässt in diesem Punkt auf eine deutliche Distanz zum Sozialstaat schließen. Die Tatsache, dass sich die Stiftung nicht eindeutig von staatlichen Förderprogrammen distanziert, lässt die Bewertung etwas zurückhaltender ausfallen.

Punktevergabe: 5,5

2) Finanzierung
Der Finanzhaushalt der Stiftung ist wenig transparent, es stehen auf dem Internetauftritt fast keine Informationen darüber zur Verfügung. Laut den vorhandenen Angaben finanziert sich die Stiftung hauptsächlich aus den Einnahmen, die sich aus dem etwa 1500ha großen Waldbesitz der Stiftung ergeben, dazu kommen die Erträge aus der Vermögensverwaltung.[235] Ersichtlich ist, dass in die von der Stiftung betriebene Pflegeeinrichtung die regulären staatlichen Pflegesätze fließen.[236]

---

[235] Vgl.: Graf von Pückler und Limpurg'sche Wohltätigkeitsstiftung (2008), S. 5
[236] Vgl.: Homepage der Graf v. Pückler u. L. Wohltätigkeitsstiftung, http://www.graf-pueckler.de/aktuelles_presse/04-07-20.php

Darüber hinaus flossen projektbezogen in einigen Fällen staatliche Zuschüsse, etwa bei der Sanierung des Forsthauses der Stiftung 35.000 Euro durch die Stadt Gaildorf, die Gesamtkosten beliefen sich auf 140.000 Euro,[237] oder bei der Sanierung der stiftungseigenen Gruftkapelle. Hier rechnete die Stiftung bei geplanten Kosten von ca. 150.000 Euro mit öffentlichen Zuschüssen bis maximal 6.500 Euro.[238] Die wirklich gezahlte Summe ließ sich nicht herausfinden.

Ein Presseartikel älteren Datums auf der Homepage macht eine Aussage über die Akquirierung staatlicher Zuschüsse und Gelder für das von der Stiftung betriebene Pflegestift, „ohne die eine Realisierung der Projekte nicht in dieser Größenordnung möglich gewesen wäre"[239]. Zu erwähnen ist, dass auch Zuschüsse von Vereinen wie dem Naturpark Schwäbisch-Fränkischer-Wald in die Stiftung geflossen sind, im Rahmen des Projekts „Weiterweg" im Waldgebiet der Stiftung steuerte der genannte Verein 28.000 Euro bei.[240] Das Unternehmen Klenk Holz AG Oberrot finanzierte im Jahr 2006 die Anschaffung eines zu medizinischen Zwecken einsetzbaren Galileo-Gerätes.[241]

Fazit:

Auf Grund der mangelnden Transparenz lassen sich nur bedingt Aussagen über den Finanzhaushalt der Stiftung treffen, die aus einer wirklich soliden Datengrundlage hervorgehen. Soweit ersichtlich, finanziert sich die Stiftung recht unabhängig von der öffentlichen Seite.

---

[237] Vgl.: Homepage der Graf v. Pückler u. L. Wohltätigkeitsstiftung, http://www.graf-pueckler.de/aktuelles_presse/09-03-01.php
[238] Vgl.: Homepage der Graf v. Pückler u. L. Wohltätigkeitsstiftung, http://www.graf-pueckler.de/aktuelles_presse/04-08-05.php
[239] Siehe: Homepage der Graf v. Pückler u. L. Wohltätigkeitsstiftung, http://www.graf-pueckler.de/aktuelles_presse/2008-09-20.php
[240] Vgl.: Homepage der Graf v. Pückler u. L. Wohltätigkeitsstiftung, http://www.graf-pueckler.de/aktuelles_presse/2007-06-06.php
[241] Vgl.: Homepage der Graf v. Pückler u. L. Wohltätigkeitsstiftung, http://www.graf-pueckler.de/aktuelles_presse/2006-06-01.php

Außer projektbezogenen Zuschüssen, die jeweils nur einen recht geringen Teil der Gesamtkosten der einzelnen Projekte abzudecken scheinen, und den regulären staatlichen Pflegegeldern, die in das Graf-Pückler-Heim fließen, sind keine öffentlichen Mittel im Stiftungshaushalt erkennbar. Neben Zuschüssen von öffentlicher Seite gibt es auch Finanzspritzen von Vereinen oder Unternehmen. Eine Tendenz zu Nähe oder Distanz lässt sich somit insgesamt nicht ausmachen, im Gesamteindruck wirkt die Stiftung, als sei sie finanziell unabhängig. Da es geringfügige Indizien in beide Richtungen gibt, wird dies als neutrale Position gewertet.

Punktevergabe: 3

3) Bündnispartner, Kooperationen, strategische Partnerschaften

Große Bedeutung hat die eng mit der Stiftung verbundene evangelische Kirche, dies geht aus dem Auftrag hervor, den sich die Stiftung gegeben hat. In diesem heißt es, dass gemeinnützige Einrichtungen im Bereich der Diakonie und der evangelisch-kirchlichen Arbeit unterstützt und gefördert werden sollen.[242] Darüber hinaus ist auf der Startseite des Internetauftritts der Stiftung die Diakonie durch ein Logo verlinkt,[243] auch in der Rubrik „Links"[244] tauchen eine Vielzahl von Verweisen zu diakonischen Einrichtungen oder Netzwerken auf.

In der Rubrik „Links" ist auch der Internetauftritt der Stadt Gaildorf zu finden. Eine Kooperation zwischen öffentlicher Seite und der Stiftung zeigt sich dadurch, dass das sich im Besitz der Stiftung befindliche

---

[242] Vgl.: Homepage der Graf v. Pückler u. L. Wohltätigkeitsstiftung, http://www.graf-pueckler.de/html/stiftung_forstbetrieb/der_auftrag.html
[243] Vgl.: Homepage der Graf v. Pückler u. L. Wohltätigkeitsstiftung, http://www.graf-pueckler.de/
[244] Vgl.: Homepage der Graf v. Pückler u. L. Wohltätigkeitsstiftung, http://www.graf-pueckler.de/html/links.html

Pücklersche Familienarchiv von der Stadt Fürth verwaltet wird.[245] Im Bereich des Forstbetriebes hat die Stiftung seit Mitte der 80er Jahre einen Betreuungsvertrag mit dem Staat abgeschlossen, die Fachaufsicht über die Reviere der Stiftung übt demnach das staatliche Forstamt Gaildorf aus.[246]

Kooperiert wird auch mit Vereinen, z.B. im Rahmen kultureller Veranstaltungen,[247] und in regelmäßigen Abständen mit privaten Künstlern wie beispielsweise der Malerin Hildegard Pufe, dies dient ebenfalls der Bereicherung der Stiftung mit kulturellen Ereignissen.[248]

Fazit:

Die Stiftung kooperiert in diversen Bereichen mit unterschiedlichen Partnern. Am intensivsten scheint die Verbindung zur evangelischen Kirche zu sein, die Stiftung hat die Unterstützung von evangelisch-kirchlichen Projekten in ihrem Auftrag festgesetzt und darüber hinaus die Diakonie direkt auf der Startseite ihres Internetauftritts verlinkt.

Auch kleinere Kooperationen mit zivilgesellschaftlichen Akteuren werden von der Stiftung gepflegt. Erkennbar sind ferner vereinzelte Kooperationen mit der öffentlichen Seite, diese zeigen sich beispielsweise in der erwähnten Verwaltung des Pücklerschen Familienarchivs durch die Stadt Fürth. Diese Vereinbarung ist auf Dauer angelegt und somit von Bedeutung.

Die Gesamttendenz ist schwer auszumachen, durch die Zusammenarbeit mit der Stadt Fürth scheint ein zumindest vertrauensvolles

---

[245] Vgl.: Homepage der Graf v. Pückler u. L. Wohltätigkeitsstiftung, http://www.graf-pueckler.de/aktuelles_presse/09-01-19.php
[246] Vgl.: Homepage der Graf v. Pückler u. L. Wohltätigkeitsstiftung, http://www.graf-pueckler.de/aktuelles_presse/2007-02-01.php
[247] Vgl.: Homepage der Graf v. Pückler u. L. Wohltätigkeitsstiftung, http://www.graf-pueckler.de/aktuelles_presse/2007-11-05.php
[248] Vgl.: Homepage der Graf v. Pückler u. L. Wohltätigkeitsstiftung, http://www.graf-pueckler.de/aktuelles_presse/04-06-29.php

Verhältnis vorzuherrschen, was bedingt für eine geringfügig ausgeprägte Nähe zueinander spricht.

Punktevergabe: 2,5

4) Organisatorische oder personale Verflechtung mit dem Staat

Das oberste Stiftungsgremium ist der Stiftungsrat, er besteht aus neun Mitgliedern, genannt wird auf der Homepage nur der Name des Vorsitzenden Wolfgang Lorenz und der Name des Vorsitzenden des vierköpfigen Vorstands Markus Steeb. Es ist nicht einsichtig welche Personen außerdem in diesem Gremium vertreten sind. Genannt wird noch der Name von Matthias Rebel, er fungiert als Leiter der Stiftungsverwaltung.[249] Die beruflichen Tätigkeiten der genannten Personen sind, insofern die Besagten überhaupt neben ihrem Engagement in der Stiftung eine weitere Tätigkeit ausüben, nicht bekannt.

Im Rahmen eines mit dem Land Baden-Württemberg geschlossenen Betreuungsvertrags über die forsttechnische Betriebsleitung des Forstbetriebs der Stiftung und im Zuge des Beschlusses des Landkreises das Forstamt in Sulzbach-Laufen aufzugeben, wurde ein eigenes Büro in Gaildorf eingerichtet.[250] Die Abteilung des staatlichen Forstbetriebes ist somit direkt in einem Gebäude der Stiftung untergebracht.

Fazit:

Über die Zusammensetzung der Stiftungsgremien lässt sich mit den zur Verfügung stehenden Informationen keine verwertbare Aussage über eine personale Verflechtung mit staatlichen Vertretern treffen. Die

---

[249] Vgl.: Homepage der Graf v. Pückler u. L. Wohltätigkeitsstiftung, http://www.grafpueckler.de/html/stiftung_forstbetrieb/organisation.html
[250] Vgl.: Homepage der Graf v. Pückler u. . Wohltätigkeitsstiftung, http://www.grafpueckler.de/aktuelles_presse/09-03-01.php

Unterbringung des staatlichen Forstbüros kann jedoch bedingt als organisatorische Verflechtung gewertet werden und ist ein Indikator für ein kooperatives Verhältnis und damit eine geringfügig ausgeprägte Nähe.

Punktevergabe: 2

5) Programmatische Aussagen zur Leistungsfähigkeit des Sozialstaates

Auf der Homepage werden keinerlei Aussagen zur Leistungsfähigkeit des Sozialstaates oder über den Sozialstaat insgesamt getätigt.

Fazit:
Für die Stiftung scheint das Thema „Sozialstaat" von sehr geringer Bedeutung zu sein, zumindest trägt sie dies in keinster Weise in die Öffentlichkeit. Zu werten ist dies auch im Gesamtbild der Stiftung eher als Anzeichen für Desinteresse, somit kann von einem eher von Distanz als von Nähe geprägtem Verhältnis ausgegangen werden. In der Bewertung ist das Fehlen eindeutiger Indizien zu berücksichtigen.

Punktevergabe: 4

6) Programmatische Aussagen zur Bedeutung zivilgesellschaftlicher Ansätze oder Programme

Zu diesem Thema finden sich im Grunde genommen keine Aussagen. Einige Informationen lassen zumindest darauf schließen, dass ehrenamtlich Engagierte in den von der Stiftung finanzierten sozialen

Einrichtungen aktiv sind,[251] die Förderung von Ehrenamt oder die Positionierung zu zivilgesellschaftlichen Programmen findet jedoch sonst keine Erwähnung.

Fazit:
Aussagen zu dieser Dimension sind in zu geringem Maß vorhanden, daraus kann keine Schlussfolgerung gezogen werden. Eine Bewertung wird somit nicht abgegeben.

Punktevergabe: -

7) Aussagen über die Bedeutung des Marktes für die Stiftung

Es finden sich keine Äußerungen über die Bedeutung des Marktes, die direkt auf die Stiftung in ihrer Funktion als Sozialunternehmen bezogen sind. Einzig bezüglich des Forstbereiches, der der Stiftung angehört und eine Grundlage für ihre finanziellen Erträge darstellt, positionierte sich Stiftungsgeschäftsführer Matthias Rebel im November 2006 auf einer Rede in Weihenstephan zum Thema „Wertschöpfungsfaktor – Förster aus der Sicht eines privaten Forstbetriebes"[252]. Er führt an, dass der Stiftungsforstbetrieb „wie ein ganz normales Unternehmen auf dem freien Markt agieren und gewinnorientiert wirtschaften"[253] müsse. Ohne Gewinne hätte laut Rebel der Forstbetrieb innerhalb der Stiftung keine Existenzberechtigung.

---

[251] Vgl.: Homepage der Graf v. Pückler u. L. Wohltätigkeitsstiftung, http://www.graf-pueckler.de/aktuelles_presse/2008-09-20.php
[252] Siehe: Homepage der Graf v. Pückler u. L. Wohltätigkeitsstiftung, http://www.graf-pueckler.de/aktuelles_presse/2007-02-01.php
[253] Siehe: Homepage der Graf v. Pückler u. L. Wohltätigkeitsstiftung, http://www.graf-pueckler.de/aktuelles_presse/2007-02-01.php

Fazit:

Die oben dargelegten Aussagen sind nicht überraschend, mit dem Forstbetrieb ist die Stiftung auf dem freien Markt tätig und hat somit unternehmerisch zu denken und zu planen. Aus den Aussagen geht nicht hervor ob der Markt als die bessere Alternative zum Staat gesehen wird oder nicht, ferner finden sich keine Aussagen zur Bedeutung des Marktes für die Stiftung als sozialen Dienstleister. Somit lässt sich keine Tendenz hinsichtlich Nähe oder Distanz feststellen, gewertet wird dies als neutrale Position.

Punktevergabe: 3

8) Sonstiges

Auf der Homepage des Graf-Pückler-Heims findet sich eine Aussage über die gesellschaftliche Verantwortung, in der sich das Heim und damit verbunden auch die Stiftung selbst sehen: *„Unsere gesellschaftliche Verantwortung besteht darin, für Gaildorf und das ganze Limpurger Land ein Blickpunkt für die Lebensumstände alter Menschen zu sein. Wir erregen Aufmerksamkeit für die Belange alter Menschen im öffentlichen Leben setzen uns dafür gegenüber allen relevanten Institutionen ein."*[254]

Nach der Analyse in den vorigen Dimensionen ist diese Aussage vor allem deswegen bemerkenswert, da hier deutlich gemacht wird, dass nicht nur stiftungsinterne Angelegenheiten von Relevanz sind, sondern dass die Stiftung auch in Öffentlichkeit und Politik ihren Einfluss geltend machen möchte.

---

[254] Siehe: Homepage der Graf v. Pückler u. L. Wohltätigkeitsstiftung, http://www.graf-pueckler.de/html/grafpuecklerheim/leitbild.html

Fazit:

Die oben angeführte Aussage über gesellschaftliche Verantwortung und dabei insbesondere der zweite Satz erwecken den Eindruck, dass die Stiftung es für notwendig hält sich gegenüber relevanten Institutionen, damit wird insbesondere auch der Staat gemeint sein, ein- und durchzusetzen. Die beiden Sätze tragen die Aussage in sich, dass es Belange gibt, die von der öffentlichen Seite aus vorgegeben werden, jedoch nicht mit den Vorstellungen der Stiftung übereinstimmen. Dies spricht für eine eher distanzierte Haltung gegenüber dem Staat.

Punktevergabe: 4

GRAF V. PÜCKLER U. LIMP. WOHLTÄTIGKEITSSTIFTUNG		
	Dimension	Punktzahl
	1	5,5
	2	3
	3	2,5
	4	2
	5	4
	6	-
	7	3
	8	4
Summe		24
Mittelwert		3,43*

[* = gerundeter Wert]

5.5) Auswertung und Vergleich der Ergebnisse

	3 Sozialstiftungen im Vergleich		
	Stiftung Liebenau	Bürgerstiftung Wiesloch	Graf von Pückler u. L. Wohltätigkeitsstiftung
Dimension 1	1	5,5	5,5
Dimension 2	2,5	4	3
Dimension 3	1,5	4,5	2,5
Dimension 4	2,5	1,5	2
Dimension 5	2,5	2,5	4
Dimension 6	1,5	2	-
Dimension 7	5	-	3
Dimension 8	3	-	4
Mittelwert	**2,44**	**3,33**	**3,43**

Nach Abschluss der Analyse der Sozialstiftungen aus Baden-Württemberg zeigt sich, dass sich alle drei Stiftungen einem Bereich der Skala zuordnen lassen, der nur in einem geringen Maß von dem Wert abweicht, der als neutraler Wert in der Mitte gesetzt wurde (Wert: 3,0). Keine der untersuchten Stiftungen weist also einen Extremwert auf, keine Stiftung lässt sich in eine Position einordnen, die eine sehr deutliche Nähe oder Distanz zum Sozialstaat ausdrückt. Zwei Stiftungen, die Bürgerstiftung Wiesloch und die Graf von Pückler und Limpurg'sche Wohltätigkeitsstiftung, weisen eine zumindest geringfügig ausgeprägte Distanz zum Sozialstaat auf, der dritten Stiftung (Stiftung Liebenau) kann eine geringfügig ausgeprägte Nähe zum Sozialstaat zugesprochen werden.

Auffallend ist, dass sich die drei Stiftungen erkennbar voneinander unterscheiden und ein breites Spektrum in Bezug auf die vielfältigen Erscheinungsformen und Ausprägungen der Stiftungen, die man in

Baden-Württemberg und weiter gefasst damit auch im gesamten Deutschland kennt, abdecken. Untersucht wurden eine rein operativ agierende Stiftung (Stiftung Liebenau), eine Förderstiftung (Bürgerstiftung Wiesloch) sowie eine Stiftung, die sowohl fördernd als auch operativ tätig ist (Graf von Pückler und Limpurg'sche Wohltätigkeitsstiftung). Damit sind alle möglichen Erscheinungsformen in Bezug auf die Art der Verwirklichung des Stiftungszweckes in der Untersuchung enthalten.

Untersucht wurden eine weltliche Stiftung des bürgerlichen Rechts (Bürgerstiftung Wiesloch) sowie zwei kirchliche Stiftungen des bürgerlichen Rechts. Auf Grund der großen Anzahl kirchlicher Stiftungen in Deutschland ist diese Zufallsauswahl nicht überraschend. Während die Stiftung Liebenau in ihrem Selbstbild der katholischen Kirche zugehörig ist, hat die Graf von Pückler und Limpurg'sche Wohltätigkeitsstiftung einen evangelischen Hintergrund; somit werden in Bezug auf die Kirchenzugehörigkeit in der Analyse beide Seiten berücksichtigt.

Mit der Bürgerstiftung Wiesloch ist zudem eine Stiftung in der Untersuchung enthalten, die, bezogen auf ihren Typus, wichtig für die aktuelle Entwicklung des deutschen Stiftungswesens ist. Laut Statistik sind Bürgerstiftungen die derzeit „am schnellsten wachsende Stiftungsform"[255] in Deutschland.

Das erwähnte breite Spektrum, das die Stiftungen durch ihre unterschiedlichen Charakteristika abdecken, ist für die Bewertung der Ergebnisse von Vorteil und kommt der Repräsentativität und Aussagekraft der Resultate dieser Arbeit zugute. Auf Grund der systematischen Zufallsauswahl der Stiftungen hätten auch drei sich durchaus sehr ähnliche Stiftungen untersucht werden können.

Betrachtet man die Ergebnisse der dimensionalen Analyse im

---

[255] Siehe: Wigand / Haase-Theobald u.a. (2007), S. 38

Einzelnen, fällt auf, dass jede der untersuchten Stiftungen Werte aufweist, die sowohl für eine nähere als auch für eine distanziertere Position zum Sozialstaat sprechen. Dies ist auch der Grund für die Tatsache, dass keine der Stiftungen im Mittelwert einen deutlichen Ausschlag in die eine oder andere Richtung aufweist. Als Beispiel möchte ich dies an der Stiftung Liebenau verdeutlichen, ihr Gesamtergebnis spricht wie erwähnt für eine zumindest geringfügig ausgeprägte Nähe zum Sozialstaat, sie weist in der Mehrzahl der Dimensionen Werte auf, die unterhalb des Wertes 3,0 liegen. In der Dimension 7, also der Frage nach der Bedeutung des Marktes für die Stiftung, weist sie jedoch den Wert 5,0 auf. Dies spricht in diesem Punkt für eine gewisse Distanz zum Sozialstaat und passt somit nicht in das Gesamtbild der dimensionalen Analyse dieser Stiftung. Würde man diesen Wert bei der Bildung des Mittelwertes der Stiftung Liebenau auslassen, käme man auf ein Ergebnis, das der Stiftung eine deutlich nähere Position zum Sozialstaat zuschreiben würde, nämlich gerundet 2,07.

Bei den anderen beiden Stiftungen verhält sich dies im umgekehrten Sinn ähnlich. Es kann also von keiner Stiftung gesagt werden, dass in den untersuchten Dimensionen ausschließlich Indizien, die in die eine Richtung deuten, gefunden wurden. Dies zeigt sich, wie dargelegt, in den insgesamt nur geringfügig vorhandenen Abweichungen in den Mittelwerten vom neutralen Wert 3.

Diese Feststellung lässt darauf schließen, dass die erhaltenen Resultate aus dieser Analyse mit Vorsicht interpretiert werden sollten und differenziert betrachtet werden müssen. Einer Stiftung kann keine eindeutige Nähe oder Distanz zum Sozialstaat zugeschrieben werden, wenn mindestens eine der Dimensionen ein gegenteiliges Ergebnis zu Tage bringt. Dies ist bei jeder der untersuchten Stiftungen der Fall. Die

Ergebnisse sollten vielmehr als Tendenz gewertet werden, die nach einer eingehenden Analyse in acht unterschiedlichen Dimensionen erkennbar wird.

Am Anfang dieses Kapitels wurde festgestellt, dass die drei untersuchten Sozialstiftungen unterschiedlicher Natur sind und sich in verschiedenen Aspekten voneinander unterscheiden. Zwei Stiftungen können jedoch trotz ihrer jeweiligen Individualität zumindest in einigen Punkten als ähnlich angesehen werden, die Stiftung Liebenau und die Graf von Pückler und Limpurg'sche Wohltätigkeitsstiftung. Beide Stiftungen haben die Rechtsform einer kirchlichen Stiftung des bürgerlichen Rechts inne, beide haben diese Tatsache in ihrer Satzung verankert und bekennen sich somit deutlich zur Kirche und bei beiden lässt sich ferner ein bedeutender Teil ihres Engagements dem Bereich Altenhilfe zuordnen. Trotzdem weisen auch diese beiden Stiftungen unterschiedliche Werte auf. Während der Stiftung Liebenau eher eine tendenzielle Nähe zum Sozialstaat zugeschrieben werden kann, verhält es sich bei der Graf von Pückler und Limpurg'sche Wohltätigkeitsstiftung gegenteilig. Auf die Tatsache, dass eine der beiden Stiftungen der katholischen Kirche zugewandt ist (Stiftung Liebenau) und sich die andere der evangelischen Kirche verbunden fühlt (G.v.P.u.L. Wohltätigkeitsstiftung), kann dies im Rahmen dieser Analyse nicht zurückgeführt werden. Vielmehr zeigt es, dass Stiftungen, die zumindest bedingt vergleichbar sind, in Bezug auf die Fragestellung nach „Nähe oder Distanz zum Sozialstaat" nicht automatisch gleich eingeordnet werden können. Dies unterstreicht repräsentativ für das Stiftungswesen in Baden-Württemberg und auch ganz Deutschland die Individualität jeder einzelnen Stiftung. Im Rahmen der empirischen Studie, aber auch im theoretischen Teil dieser Arbeit hat sich dies immer wieder deutlich gezeigt.

Ein interessanter Aspekt im Vergleich ist die Größe und die damit verbundene Finanzkraft der Stiftungen. Hier gibt es ein deutliches Gefälle von der Stiftung Liebenau, mit Gesamtausgaben im Jahr 2006 von 216.833.000 Euro[256] und mehr als 4500 Mitarbeitern[257], über die Graf von Pückler und Limpurg'sche Wohltätigkeitsstiftung mit einem eingebrachten Stiftungskapital von 9,2 Millionen Euro[258], hin zur Bürgerstiftung Wiesloch, die sich, soweit bekannt, in einem Bereich bewegt, der deutlich unter 1 Million Euro liegt. Auffällig ist diesbezüglich die Tatsache, dass die finanzkräftigste und größte der drei Stiftung die größte Nähe zum deutschen Sozialstaat aufweist. Betrachtet man ihre Strukturen, sticht heraus, dass sie die einzige der drei Stiftungen ist, die Mitarbeiter in einer Stabsstelle beschäftigt, deren Aufgabe die Analyse, Kontaktpflege und Positionierung im sozialpolitischen Themenbereich ist.[259] Auf Grund ihres großen politischen Einflusses ist dies nicht verwunderlich; insgesamt scheint sich dies eher dahingehend auszuwirken, dass eine Nähe und ein kooperatives Verhältnis zur staatlichen Seite gepflegt wird. Interessant wäre hier der Vergleich mit einer Stiftung von ähnlicher Größe und ähnlichem Aufbau.

Der große Einfluss der Stiftung Liebenau auf die Politik und der damit verbundene regelmäßige Dialog zwischen beiden Seiten scheint in diesem Fall mit ein Grund für die, im Vergleich zu den anderen beiden Stiftungen, größere Nähe der Stiftung zum Sozialstaat zu sein. Mit einem Blick auf alle drei Stiftungen lässt sich die übergreifende These „je größer die Stiftung, desto ausgeprägter die Nähe zum Sozialstaat" jedoch nicht vertreten, da die kleinste der drei Stiftungen

---

[256] Vgl.: Bundesverband Deutscher Stiftungen (2008-B), Stiftung Liebenau
[257] Vgl.: Homepage der Stiftung Liebenau, http://www.stiftung-liebenau.de/stiftung-liebenau/geschichte/index.html
[258] Vgl.: Homepage der Graf v. Pückler u. L. Wohltätigkeitsstiftung, http://www.graf-pueckler.de/html/stiftung_forstbetrieb/der_auftrag.html
[259] *Wie in der Analyse der Stiftung Liebenau herausgestellt, gibt es eine „Stabsstelle Sozialpolitik" in der Stiftung, diese hat den genannten Aufgabenbereich.*

(Bürgerstiftung Wiesloch) vom Ergebnis her zwischen den beiden anderen Ergebnissen liegt.

Betrachtet man die Gründungsalter der drei Sozialstiftungen, stellt man fest, dass die drei Organisationen aus verschiedenen Zeitabschnitten der deutschen Geschichte stammen. Während die Stiftung Liebenau im Jahr 1873, also zu Beginn des Deutschen Kaiserreichs, gegründet wurde,[260] und damit die älteste der drei untersuchten Stiftungen ist, sind die beiden anderen Stiftungen jüngeren Datums. Die Graf von Pückler und Limpurg'sche Wohltätigkeitsstiftung geht auf das Jahr 1950 zurück,[261] die Bürgerstiftung Wiesloch ist mit dem Gründungsjahr 2006[262] die jüngste der drei Stiftungen. Die Zwecksetzung einer Stiftung wird mit ihrer Gründung in der Satzung der Stiftung festgeschrieben und kann nur in Ausnahmefällen nachträglich geändert werden. Somit ist das Gründungsdatum der Stiftung von großer Bedeutung, die jeweiligen Stiftungszwecke unterliegen der Prägung der Zeit der Gründung.

Deutlich zeigt sich dies bei der Stiftung aus Wiesloch, die in ihrem Wesen als Bürgerstiftung die modernste Stiftungsform in Deutschland innehat und sich etwas von „klassischeren Stiftungen" unterscheidet. Bürgerstiftungen werden als Stiftungen von Bürgern für Bürger gegründet und stellen die Förderung des lokalen bürgerschaftlichen Engagements und damit ihrer Gemeinde oder ihres Stadtteils in den Vordergrund. Die in der Satzung festgeschriebenen Stiftungszwecke sind verhältnismäßig offen beschrieben und schließen Vieles mit ein, das im Rahmen der Stadt Wiesloch die Bürger und die Stadtentwicklung betrifft.

Dies scheint typisch für eine Bürgerstiftung. Interessant ist in diesem

---

[260] Vgl.: Bundesverband Deutscher Stiftungen (2008-B), Stiftung Liebenau
[261] Vgl.: Bundesverband Deutscher Stiftungen (2008-B), Graf v. P. u. L. Wohltätigkeitsstiftung
[262] Vgl.: Bundesverband Deutscher Stiftungen (2008-B), Bürgerstiftung Wiesloch

Zusammenhang, dass sich die sehr moderne Bürgerstiftung nach der Analyse in einem ähnlichen Ergebnisbereich wie die eher traditionelle und kirchenverbundene Graf von Pückler und Limpurg'sche Wohltätigkeitsstiftung befindet. Die Tatsache, dass dies nur exemplarisch an zwei Beispielen so herausgefunden wurde, lässt nur bedingt allgemeingültige Schlüsse zu. Festgehalten werden kann, dass eine sehr moderne Stiftung wie die Bürgerstiftung Wiesloch in Bezug auf die Fragestellung „Nähe oder Distanz zum Sozialstaat" in der hier getätigten Analyse keinen deutlichen Ausschlag in die eine oder andere Richtung aufweist.

Die Stiftung Liebenau als älteste der drei Stiftungen weist die größte Nähe zum Sozialstaat auf. Einen direkten Zusammenhang zwischen ihrem Alter und dem Ergebnis der Analyse herzustellen, erscheint im Rahmen dieser Untersuchung willkürlich, dies müsste vielmehr in einer gesonderten oder weiterführenden Fragestellung untersucht werden.

5.6) *FAZIT: (Drei) Sozialstiftungen in Nähe und Distanz zum deutschen Sozialstaat*

Die Verallgemeinerung der Ergebnisse dieser Analyse ist nur unter Berücksichtigung gewisser Einschränkungen möglich. Zu berücksichtigen ist, dass sich die Auswahl der Stiftungen auf das Bundesland Baden-Württemberg beschränkt hat, somit sollten die Ergebnisse primär auf diesen Raum bezogen werden. In der Bundesrepublik Deutschland hat (wie oben dargelegt) jedes Land die Hoheit über ein eigenes Stiftungsgesetz. Die Differenzierung zwischen den verschiedenen Landesstiftungsgesetzen wurde in dieser Arbeit nur überblickartig vollzogen. Die landesspezifischen Gesetze weisen zwar Unterschiede auf, diese scheinen jedoch für diese Arbeit nur bedingt von Relevanz zu sein. Einen kurzen Überblick über das für Baden-Württembergische Stiftungen geltende Landesstiftungsgesetz findet sich in Kapitel 3.5.3. Ferner zu berücksichtigen ist, dass die drei untersuchten Sozialstiftungen nur etwa 0,34% aller Stiftungen repräsentieren, die im zu Grunde gelegten Verzeichnis des Bundesverbandes Deutscher Stiftungen geführt sind. In diesem Verzeichnis sind alle dem Verband bekannten Stiftungen aus Baden-Württemberg mit sozialen Zwecken gelistet, insgesamt, wie schon angeführt, 890 Stiftungen. Filtert man das Verzeichnis nach den für die Stichprobe und Analyse herangezogenen Kriterien „rechtsfähige Stiftung des bürgerlichen Rechts" und „Sozialstiftung", verkleinert sich die Grundgesamtheit deutlich und die Repräsentativität der Ergebnisse erhöht sich. Die exakte Zahl ausfindig zu machen war jedoch auf Grund des erheblichen Arbeitsaufwandes, der damit verbunden gewesen wäre, im Rahmen dieser Arbeit nicht möglich.

Als dritten Aspekt gilt es zu berücksichtigen, dass der Begriff „Stiftung" im allgemeinen Sprachgebrauch eine Vielzahl von Stiftungsarten umfasst und nicht eindeutig definiert ist. Die Ergebnisse dieser Arbeit beziehen sich auf rechtsfähige Stiftungen des bürgerlichen Rechts, da auch nur diese untersucht wurden. Bei Stiftungen des öffentlichen Rechts beispielsweise kommt man mit der hier zu Grunde gelegten Fragestellung höchstwahrscheinlich zu anderen Erkenntnissen.

Die Ergebnisse dieser Arbeit sind als Tendenzaussagen zu bewerten, diese sind jedoch auf bisher recht unerforschtem Terrain von nicht zu unterschätzendem Wert und bieten eine gute Grundlage für eine Fortführung und Intensivierung der Forschungsarbeit. Festhalten lässt sich als Kernaussage, dass Stiftungen sich nicht in eine extreme Distanz oder Nähe zum Sozialstaat einordnen lassen. Unterschiede zwischen einzelnen Stiftungen lassen sich herausfiltern, veranschaulichen und vergleichen, es zeigt sich dabei deutlich die Individualität der einzelnen Stiftungen. Für eine allgemeingültigere Aussage sollte eine größere Anzahl an Stiftungen einer solchen Analyse unterzogen werden.

Stiftungen und damit auch Sozialstiftungen sind komplexe Organisationen, die auf Grund ihrer spezifischen Verfassungsform und ihres festen Kapitalstocks nachhaltig arbeiten können. Ihre „Renaissance" in den letzten Jahren geht nicht zufällig mit der Krise des Sozialstaates einher, Wissenschaftler prognostizieren auch in Zukunft eine Fortsetzung dieses Trends. In Zeiten eines überlasteten Sozialstaates verändert sich das gesellschaftliche und staatliche Gefüge, in dem sie agieren. Sie werden mehr denn je gebraucht, um das soziale System mitzutragen, ihm neue Ideen einzuhauchen und die Zivilgesellschaft zu aktivieren. Dabei ist das Verhältnis zwischen Staat und Stiftungen von großer Bedeutung, gefragt ist eine Kooperation auf Augenhöhe und nicht die gegenseitige Zuschiebung der Verantwortung.

Die Analyse hat gezeigt, dass Stiftungen und Staat in einem spannungsreichen Verhältnis zueinander stehen. Es gibt Berührungspunkte, Kooperationen, aber auch bewusste Abgrenzungen und Distanz. Matthias Platzeck, amtierender Ministerpräsident von Brandenburg, äußerte auf einer hochrangig besetzten Fachtagung zum Thema „Staat und Stiftungen in Kooperation"[263] im Jahr 2008, dass Staat und Stiftungen gefordert seien, „den Zusammenschluss Gleichgesinnter zum gegenseitigen Austausch und für gemeinsame Anstrengungen zu organisieren"[264]. Roland Koch, amtierender Ministerpräsident von Hessen, stellte im gleichen Rahmen fest, dass die Zusammenarbeit zwischen Staat und Stiftungen ein Gebiet sei, „in dem noch viele

---

[263] *Die Arbeitstagung fand am 23.05.2008 in der Hessischen Landesvertretung in Berlin statt.*
[264] Siehe: Deutsche Kinder- und Jugendstiftung (2009), S. 6

Hindernisse und Fallgruben auf die Kooperationspartner warten"[265] würden.

Gezeigt hat sich im Rahmen der mit dieser Arbeit verbundenen Recherchen sehr deutlich, dass dieses Thema eine hohe Aktualität aufweist. Dies lässt sich nicht zuletzt an der starken Präsenz der Thematik in Presse und Öffentlichkeit festmachen. Ein Artikel aus der Süddeutschen Zeitung vom 30.04.2009 beschäftigte sich mit der Frage nach der Rolle der Zivilgesellschaft, insbesondere von Stiftungen, in Bezug auf die mit der Überlastung verbundene Reformierung und Reduzierung des Sozialstaates. Das folgende Zitat daraus bringt die Thematik aussagekräftig auf den Punkt, es soll den Schlusspunkt dieser Arbeit bilden: „Wohlfahrt – das klingt so betulich, ist aber ein täglicher Kampf. Notwendig ist ein Bündnis der Ideen, der Geld- und der Zeitreichen; der Menschen also, die Ideen, Geld oder Zeit haben. Dieses Bündnis muss, im Wortsinn, gestiftet werden. Es kann den Sozialstaat nicht ersetzen, aber bereichern."[266]

---

[265] Siehe: Deutsche Kinder- und Jugendstiftung (2009), S. 5
[266] Siehe: Prantl (2009), S. 4

6) SUMMARY

Diese Arbeit setzt sich mit Sozialstiftungen auseinander, welche hier als Stiftungen definiert werden, die sich in Bezug auf ihren Stiftungszweck und dem sich daraus ergebenden Engagement ausschließlich oder zumindest überwiegend dem sozialen Sektor zuordnen lassen. Für diese Definition wurde die Abgabenordnung der Bundesrepublik Deutschland sowie die Definition Sozialer Arbeit der International Federation Of Social Workers zu Grunde gelegt.

In Kapitel 3 der Arbeit wird eine generelle Abgrenzung der verschiedenen Erscheinungsformen von Stiftungen vorgenommen. Dies ist von besonderer Bedeutung, da dem Begriff „Stiftung" in Deutschland keine eindeutige Definition zu Grunde liegt und eine Vielzahl an verschiedenen Stiftungsformen existiert. Im Fokus dieser Arbeit stehen rechtsfähige Sozialstiftungen des bürgerlichen Rechts. Kapitel 3 setzt sich ferner mit der geschichtlichen Entwicklung, den rechtlichen Grundlagen und der generellen Bedeutung von Sozialstiftungen in Deutschland auseinander. Stiftungen mit sozialen Zwecken machen etwa ein Drittel der ca. 16.000 Stiftungen in Deutschland aus und bilden damit die größte zweckbezogene Gruppe.[267] Die ersten bekannten Stiftungen in Deutschland sind inzwischen etwa 1000 Jahre alt, in den letzten Jahren wuchs die Anzahl der neu gegründeten Stiftungen stetig an. Wissenschaftler sprechen von einer „Renaissance der Stiftungen".

Neben der übergreifenden Betrachtung von Sozialstiftungen werden diese im Rahmen der Arbeit auf eine spezielle Fragestellung hin analysiert, nämlich der Frage nach ihrer Nähe und Distanz zum deutschen Sozialstaat. Dazu wird in Kapitel 4 ein Überblick über den

---

[267] Vgl.: Bundesverband Deutscher Stiftungen (2009), S. 9

deutschen Sozialstaat gegeben. Beleuchtet werden darin seine geschichtliche Entwicklung, sein Aufbau und Herausforderungen, die sich ihm stellen.

Kapitel 5 bildet den Schwerpunkt der Arbeit, hier werden drei rechtsfähige Sozialstiftungen des bürgerlichen Rechts aus Baden-Württemberg hinsichtlich der genannten Fragestellung auf Grundlage ihres Internetauftritts analysiert. Zwei dieser Stiftungen werden nach der Methode der systematischen Zufallsauswahl aus einem aktuellen Stiftungsverzeichnis des Bundesverbandes Deutscher Stiftungen gezogen, eine dritte Stiftung wird nach anderen Kriterien ausgewählt.

Die drei Stiftungen werden anhand von acht Dimensionen auf ihre Nähe oder Distanz zum Sozialstaat analysiert und nach einem Skalensystem daraufhin bewertet. Die Bildung eines Mittelwertes jeder Stiftung ermöglicht den Vergleich und die Auswertung der Ergebnisse.

Eine Schwierigkeit dieser Arbeit zeigte sich in der Bewertung der Stiftungen nach ihrer Nähe und Distanz zum deutschen Sozialstaat. Objektive Kriterien können in einer Analyse, die eine Punktevergabe im Rahmen der Auswertung von Textmaterial vorsieht, nur sehr schwer zu Grunde gelegt werden. Mein Bestreben war es, die Bewertung im Einzelnen so transparent wie möglich zu gestalten. Die Analyse der Stiftungen anhand ihres Internetauftritts erschien mir im Vorfeld, so wie auch im Nachhinein, als sehr geeignet. Eine Analyse mit Hilfe von Fragebögen oder Interviews hätte andere, möglicherweise jedoch verzerrte Ergebnisse zu Tage bringen können.

Als Kernaussage dieser Arbeit lässt sich festhalten, dass sich den drei untersuchten Stiftungen keine sehr deutliche Nähe oder Distanz zum Sozialstaat zuschreiben lässt. Zwei Stiftungen weisen insgesamt eine Tendenz zu einer eher distanzierteren Position auf, eine Stiftung tendiert insgesamt zu mehr Nähe zum Sozialstaat. Die Ergebnisse zeigen im Einzelnen, dass jeweils in jeder Stiftung Indizien für beide Positionen, also Nähe und Distanz, feststellbar sind.

Die Untersuchung und die im Rahmen der Arbeit gewonnenen Erkenntnisse zeigen deutlich die Aktualität des Themas. Der Sozialstaat ist überlastet und mehr Verantwortung in der Zivilgesellschaft und damit auch bei Stiftungen gefragt. Das Verhältnis zwischen Staat und Stiftungen ist teils kooperativ, teils distanziert. Das Thema gewinnt im Rahmen der gesellschaftlichen Entwicklungen und den damit verbundenen Herausforderungen weiterhin an Bedeutung.

7) LITERATURVERZEICHNIS

MONOGRAPHIEN

GRAF STRACHWITZ, Rupert (1994): *Stiftungen – nutzen, führen und errichten: Ein Handbuch*, Campus Verlag, Frankfurt am Main

KAUFMANN, Franz-Xaver (1997): *Herausforderungen des Sozialstaates*, 1. Auflage, Edition Suhrkamp, Frankfurt am Main

KAUFMANN, Franz-Xaver (2003): *Varianten des Wohlfahrtsstaats. Der deutsche Sozialstaat im internationalen Vergleich*, Edition Suhrkamp, Frankfurt am Main

KROMREY, Helmut (2008): *„Empirische Sozialforschung – Modelle und Methoden der Datenerhebung"*, Kursmaterial der Fernuniversität Hagen, Fakultät für Kultur- und Sozialwissenschaften, Hagen

LAMPERT, Heinz / ALTHAMMER, Jörg (2007): *Lehrbuch der Sozialpolitik*, 8. überarbeitete und vollständig aktualisierte Auflage, Springer Verlag, Berlin - Heidelberg

LAMPERT, Heinz / BOSSERT, Albrecht (1992): *Sozialstaat Deutschland*, Verlag Vahlen, München

RUDZIO, Wolfgang (2006): *Das politische System der Bundesrepublik Deutschland*, 7. aktualisierte und erweiterte Auflage, Verlag für Sozialwissenschaften, Wiesbaden

WIGAND, Klaus / HAASE-THEOBALD, Cordula / HEUEL, Markus / STOLTE, Stefan (2007): *Stiftungen in der Praxis - Recht, Steuern, Beratung*, 1. Auflage, Wiesbaden

SAMMELWERKE

GRAF STRACHWITZ, Rupert / MERKER, Florian [Hrsg.] (2005): *Stiftungen in Theorie, Recht und Praxis, Handbuch für ein modernes Stiftungswesen*, Verlag Duncker & Humblot, Berlin

LEXIKA & LEXIKONBEITRÄGE

KAUFMANN, Franz-Xaver (1993): *Sozialpolitik*, Beitrag in: *Lexikon der Wirtschaftsethik*, Herausgegeben von Enderle / Homann / Honecker / Kerber / Steinmann, Verlag Herder, Freiburg

NOHLEN, Dieter [Hrsg.] (1995): *Lexikon der Politik*, Bd. 1: *Politische Theorien*, herausgegeben von: Nohlen, Dieter / Schultze, Rainer-Olaf, C.H. Beck, München 1995

NOHLEN, Dieter [Hrsg.]: (1994): *Lexikon der Politik*, Bd. 2: *Politikwissenschaftliche Methoden*, herausgegeben von: Kriez, Jürgen / Nohlen, Dieter / Schultze, Rainer-Olaf, C.H. Beck, München 1994

NOHLEN, Dieter [Hrsg.] (1998): *Lexikon der Politik*, Bd. 7: *Politische Begriffe*, herausgegeben von: Nohlen, Dieter / Schultze, Rainer-Olaf / Schüttemeyer, Suzanne S., C.H. Beck, München 1998

ZEITUNGSARTIKEL & ZEITSCHRIFTEN

BUNDESZENTRALE FÜR POLITISCHE BILDUNG (2006): *Reformen des Sozialstaates*, Aus Politik und Zeitgeschichte, 8-9 2006, Bonn

LANDESZENTRALE FÜR POLITISCHE BILDUNG (2003): *Der Sozialstaat in der Diskussion*, Reihe: Der Bürger im Staat, 53. Jahrgang, Heft 4 2003, Stuttgart

PRANTL, Heribert (2009): *„Doch, es gibt das Positive"*, Artikel in der Süddeutschen Zeitung Nr. 99, Ausgabe vom 30.04.2009, München

INTERNETQUELLEN

BUNDESVERBAND DEUTSCHER STIFTUNGEN (2009): *Stiftungen in Zahlen*, Errichtungen und Bestand rechtsfähiger Stiftungen des bürgerlichen Rechts in Deutschland im Jahr 2008, Download unter: URL: http://www.stiftungen.org/files/original/_galerie_vom_05.12.2005_10.33.06/StiftungenInZahlen20080506.pdf, Zugriff: 09.04.2009

BUTTERWEGGE, Christoph (2003): *Krise, Umbau und Zukunft des Sozialstaates*, URL: http://www.labournet.de/diskussion/arbeit/realpolitik/allg/butterwegge.html#anm, Zugriff: 09.04.2009

DIE WELT online (2009): *Ruhige Hand in der Finanzkrise*, Artikel vom 27.02.2009, Kürzel des Autors: ca, abrufbar unter: http://www.welt.de/welt_print/article3283187/Ruhige-Hand-in-der-Finanzkrise.html, Zugriff: 22.05.2009

HOMEPAGE DER BÜRGERSTIFTUNG WIESLOCH: http://www.buergerstiftung-wiesloch.de

HOMEPAGE DER GRAF VON PÜCKLER UND LIMPURG'SCHE WOHLTÄTIGKEITSSTIFTUNG: http://www.graf-pueckler.de

HOMEPAGE DER ST. ANNA-HILFE (Tochtergesellschaft der Stiftung Liebenau): http://www.anna-hilfe.de/

HOMEPAGE DER STIFTUNG LIEBENAU: http://www.stiftung-liebenau.de

HOMEPAGE DES BRÜSSELER KREISES: http://www.bruesseler-kreis.de

HOMEPAGE „AKTIONSPROGRAMM MEHRGENERATIONENHÄUSER": http://www.mehrgenerationenhaeuser.de, verantwortlich ist das Bundesministerium für Familie, Senioren, Frauen und Jugend

http://www.deutsche-sozialversicherung.de: *Deutsche Sozialversicherung,* verantwortlich: Europavertretung der Deutschen Sozialversicherung, Zugriff: 20.01.2009

http://www.ifsw.org/en/p38000409.html: *Internationale Definition Sozialer Arbeit* nach der Version der International Federation Of Social Workers (I.F.S.W.), Zugriff: 22.03.2009

STIFTUNG LIEBENAU (2005): *Der umgebaute Sozialstaat – Entwicklungen und Reformbedarf,* abrufbar auf der Homepage der Stiftung

Liebenau unter: http://www.stiftung-liebenau.de/uploads/ media/ Aufsatz_Der_umgebaute_Sozialstaat_-_Entwicklungen_und_Ref-205.pdf, Zugriff: 15.05.2009

STIFTUNG LIEBENAU & KÖRPERBEHINDERTENZETRUM OBERSCHWABEN (2003): *Positionspapier: Zur Entwicklung der Behindertenhilfe*, abrufbar auf der Homepage der Stiftung Liebenau unter: http://www.stiftung-liebenau.de/uploads/media/ Positionspapier_Zur_Entwicklung_der_Behindertenhilfe.pdf, Zugriff: 15.05.2009

STIFTUNG LIEBENAU & SAMARITERSTIFTUNG (2007): *Zusammenspiel von hauptamtlicher Arbeit und Bürgerengagement*, abrufbar auf der Homepage der Stiftung Liebenau unter: http://www.stiftung-liebenau.de/uploads/media/Das_Zusammenspiel_von_hauptamtlicher_Arbeit_und_Buergerengagement.pdf, Zugriff: 15.05.2009

VERFASSUNG DES DEUTSCHEN REICHES (1919), erlassen am 11.08.1919, in: documentArchiv.de [Hrsg.], URL: http://www.documentArchiv.de/wr/wrv.html, Stand: 27.02.2009

RECHTLICHE SCHRIFTEN

ABGABENORDNUNG (AO): abrufbar unter: http://bundesrecht.juris.de/ao_1977/index.html, Bundesministerium der Justiz, Zugriff: 24.03.2009

GASTIGER, Sigmund (2005): *Gesetzestexte für Sozialarbeit und Sozialpädagogik*, Band 1, Studienausgabe, Stand: 30.06.2005

GESETZ GEGEN DIE GEMEINGEFÄHRLICHEN BESTREBUNGEN DER SOZIALDEMOKRATIE (21.10.1878), in: documentArchiv.de [Hrsg.], URL: http://www.documentArchiv.de/ksr/soz_ges.html, Stand: 26.02.2009

GESETZ ZUR WEITEREN STÄRKUNG DES BÜRGERSCHAFTLICHEN ENGAGEMENTS (2007): Verabschiedet von Bundestag und Bundesrat am 06.07.2007, Abrufbar unter URL: http://www.bundesfinanzministerium.de/nn_4134/DE/Wirtschaft_und_Verwaltung/ Steuern/Aktuell/011__a,templateId=raw,property=publicationFile.pdf, Zugriff: 10.04.2009

GRUNDGESETZ FÜR DIE BUNDESREPUBLIK DEUTSCHLAND (1949): Textausgabe der Bundeszentrale für politische Bildung, Stand: Juli 1998

STIFTUNGSGESETZ FÜR BADEN-WÜRTTEMBERG (1977): abrufbar unter: http://www.stiftungen.org/files/original/galerie_vom_05.12.2005_16.19. 53/baden-wuerttemberg.pdf, Zugriff: 25.05.2009

SONSTIGES

BÜRGERSTIFTUNG WIESLOCH (2008): *Tätigkeitsbericht für den Zeitraum April 2007 bis April 2008*, abrufbar auf der Homepage der Bürgerstiftung Wiesloch unter: http://www.buergerstiftung-wiesloch.de/category/taetigkeitsberichte/, Zugriff: 20.05.2009

BUNDESVERBAND DEUTSCHER STIFTUNGEN (2008-A): *Verzeichnis Deutscher Stiftungen*, Band 1: Zahlen, Daten, Fakten zum deutschen Stiftungswesen, 6. Auflage, Berlin

BUNDESVERBAND DEUTSCHER STIFTUNGEN (2008-B): *Verzeichnis Deutscher Stiftungen*, CD-Rom-Version, 6. Auflage, Berlin

DEUTSCHE KINDER- UND JUGENDSTIFTUNG (2009): *Staat und Stiftungen in Kooperation*, Impulse und Ergebnisse: Dokumentation der Arbeitstagung vom 23. Mai 2008, 2. veränderte Auflage, Berlin

GRAF VON PÜCKLER UND LIMPURG'SCHE WOHLTÄTIGKEITSSTIFTUNG (2008): Imagebroschüre, abrufbar auf der Homepage der Stiftung unter: http://www.graf-pueckler.de/download/ imagebroschuere _stiftung.pdf, Zugriff: 16.05.2009

STIFTUNG LIEBENAU (2008): *Jahresbericht der Stiftung Liebenau 2007*, Ausgabe Juli 2008, erhältlich über die Stiftungshomepage: http://www.stiftung-liebenau.de, Zugriff: 14.04.2009

STIFTUNG LIEBENAU (2007): *Jahresbericht der Stiftung Liebenau 2006*, Ausgabe Juli 2007, erhältlich über die Stiftungshomepage: http://www.stiftung-liebenau.de/uploads/media/jb_2006.pdf, Zugriff: 16.04.2009

MenschenArbeit. Freiburger Studien

Herausgegeben von Michael N. Ebertz, Werner Nickolai und Helmut Schwalb

1: Jochen Hilpert, **Partizipative Jugendarbeit und Bürgerengagement.** Über die Praxis einer Theorie. ISBN 3-89649-038-9
2: Katrin Huber-Sheik, **Sozialer Brennpunkt.** Sozialstruktur und Sanierung in einem Freiburger Stadtteil. ISBN 3-89649-039-7
3: Norbert Scheiwe (Hrsg.), **Mit jungen Menschen auf dem Weg in die Zukunft.** ISBN 3-89649-040-0
4: Ausländerbeirat der Stadt Freiburg (Hrsg.), **Kinder sind Bürger einer Welt.** Interkulturelle Erziehung in einer Kindertagesstätte. ISBN 3-89649-041-9
5: André Paul Stöbener, **Die Pfegeversicherung.** ISBN 3-89649-042-7 (vergriffen)
6: Petra Hauser, **Zuflucht gefunden?** Die rechtliche und soziale Situation von unbegleiteten Flüchtlingskindern im deutsch-italienischen Vergleich. ISBN 3-89649-050-8
7: Matthias Linnenschmidt, **Arbeiten mit Menschen als Studien- und Berufswunsch.** Soziale Herkunft und Studienmotivation von BewerberInnen der Katholischen Fachhochschule Freiburg - Hochschule für Sozialwesen, Religionspädagogik und Pflege - Ergebnisse einer Erhebung. ISBN 3-89649-143-1
8: Annette Bukowski, **Benachteiligungen im Jugendstrafvollzug?** Ergebnisse qualitativer Interviews mit türkischen Insassen. ISBN 3-89649-254-3
9: Barbara Denz, **Auf dem Weg zur Gleichberechtigung.** Konzeptionsbildung für kommunale Gleichstellungsstellen, dargestellt am Beispiel der Kommunalen Stelle für Frauenfragen im Landkreis Waldshut. ISBN 3-89649-271-3
10: Michael N. Ebertz / Werner Nickolai unter Mitarb. von Heidrun Huber: **Mächtig - ohnmächtig. Jugendliche im ländlichen Raum.** Eine empirische Exploration. ISBN 3-89649-367-1
11: Christoph Schneider, **Die Verstaatlichung des Leibes.** Das „Gesetz zur Verhütung erbkranken Nachwuchses" und die Kirche. Eine Dokumentenanalyse. ISBN 3-89649-516-X
12: Patrick Hueter, **Die psychiatrische Versorgung in Theorie und Praxis in Deutschland und Italien im Vergleich - unter besonderer Berücksichtigung der sozialen Arbeit.** ISBN 3-89649-598-4
13: Barbara Schramkowski, **Interkulturelle Mediation. Mediation als eine Methode des konstruktiven Umgangs mit Interkulturellen Konflikten in Städten mit hohem multikulturellen Bevölkerungsanteil.** ISBN 3-89649-738-3
14: Ursula Geißner / Werner Nickolai (Hrsg.), **Inklusion - Exklusion.** Helfende Berufe im Schatten ihrer Geschichte. ISBN 3-89649-782-0

15: Stefan Michel, **Qualitätsmanagement in der stationären Suchtbehandlung als Prozess organisationalen Lernens.** ISBN 3-89649-805-3
16: Karin Racke, **Berufspolitische Interessenorganisationen in der Sozialen Arbeit am Rande der Bedeutungslosigkeit.** dargestellt am Deutschen Berufsverband für Soziale Arbeit e. V. (DBSH) ISBN 3-89649-837-1
17: Michael Ganster, **Christlich spirituelle Inhalte in zeitgenössischer Popmusik am Beispiel Xavier Naidoos und ihre Rezeption bei Jugendlichen.** ISBN 3-89649-843-6
18: Simone Müller, **Anleitung im praktischen Studiensemester.** Ein Kernstück im Studium der Sozialen Arbeit. ISBN 3-89649-856-8
19: Manuel Fuchs, **Jugendarbeit und Schule in Kooperation.** Von der Ganztagsbetreuung zur Ganztagsbildung. ISBN 3-86628-013-0
20: Christian Biendl, **Jugendstrafvollzug in freier Form** am Beispiel des "Projekt Chance". ISBN 3-86628-019-X
21: Ralph Mackmull, **Der Mann und die Kirche - Eine Beziehung in der Krise?** Von Gefahren und Chancen kirchlicher Männerarbeit. ISBN 3-86628-100-5
22: Edgar Kösler / Michael N. Ebertz / Erika Heusler (Hrsg.), **Arbeit an den Grenzen.** Zur Professionalisierung von Sozial- und Gesundheitsberufen. **Eine Weg-Gabe für Christoph Steinebach.** ISBN 3-86628-168-4
23: Thorsten Kleiner, **Frühe Bindungserfahrungen und ihre Auswirkung auf die Gestaltung von Peer-Beziehungen in Gruppentherapien - Analyse einer Kinderpsychodrama-Gruppe.** ISBN 3-86628-213-3
24: Michael N. Ebertz, Werner Nickolai, Renate Walter-Hamann (Hrsg.), **Opfer, Täter und Institutionen in der nationalsozialistischen Gesellschaft —** Blicke aus der Gegenwart. ISBN 3-86628-233-8
25: Nils Weiser, **Gymnasium in acht Jahren - Zeitgewinn durch Zeitverlust oder doch nur Frust?** Eine Befragung von Schülern über G8 und die Folgen. ISBN 3-86628-269-9
26: Christine Jung, **Schule und Jugendarbeit in Kooperation.** Spannungen, Chancen und Grenzen. ISBN 3-86628-270-2

Hartung-Gorre Verlag Konstanz

Mehr Informationen im Internet unter **http://www.hartung-gorre.de**